人生很難，
但可以用自信的台步
踢破鐵板

我在巴黎走台步

+

閃爍不停的攝影燈光，霓虹炫目的時尚舞台，動感韻律的 mix 音樂，我身穿法國知名設計師高級訂製服，腳踏 3 吋半高級訂製鞋款，走在長 200 公尺的巴黎時尚舞台上，全場都在注目我，我擺了一個 pose，眼角餘光往下看，我的腿長竟然有 47 吋，我長高了？！我有 181 了……

「嗶嗶嗶嗶……嗶嗶嗶嗶……」咦？這什麼聲音？

鬧鐘把我從夢境中帶回了現實，躺在當時還沒有 airb&b、只有 PTT 尋屋網上找到的巴黎 15 區簡陋公寓裡一個跟室友分租房間的床上，才剛到巴黎尋夢的我不禁噗哧笑了出來————我想長高想瘋了！

起身看著鏡子裡 172 的自己，我告訴自己：「加油！妳可以的！妳是最棒的！」然後再度拿著本子上街去試鏡，我要告訴所有人：我是金禧，模特兒界的哈比族，但我臉皮厚、志氣高，要來巴黎一圓模特兒夢！

自信，是每個人最重要的綜合維他命，是自己給自己的營養成分，如果沒有這些養分的灌溉，要在這大環境裡競爭，早已變得乾燥枯萎、黯然失色。而它，也是實現夢想的最佳動力！

你有夢想嗎？有信心完成你的夢想嗎？

Google 說：「每個人每個民族乃至每個國家都有夢想，

夢想是對美好生活的憧憬，是激勵人們奮發向上的動力泉源。從字面上講，夢想可以理解為幻想、空想或理想，前者是不切實際的想像，後者是人類追求和奮鬥的目標。」；法國哲學家笛卡爾的論述：「我思，故我在」；蘋果電腦與 Pixar 動畫製作室執行長 Steve Jobs 在史丹佛大學畢業生的演講上說：「你得找出你愛的（You've got to find what you love）。」；知名作家九把刀的名言：「說出來會被嘲笑的夢想，才有實踐的價值，即使跌倒了，姿勢也很豪邁。」人活著，會一直不斷地尋找夢想的答案。人，因夢想而偉大。

如果你的人生只有 80 個年頭，只有 80 頁，你會怎麼寫？你會怎麼過？

這是我的人生，不是你的、也不是別人的，也許一開始說要來歐洲發展當模特兒時，很多人就抱著看好戲的心態，但我只是想實現我的夢想，如果不去試，怎麼會知道結果是如何？

所以，我勇敢地跨出了那一步，我可以大聲地說「我做到了」，跟大家分享一路走來的酸甜苦辣！

我是金禧，一個愛作夢的女孩，謝謝爸媽，給了我一張特別的亞洲臉、愛作夢的腦和不怕死的勇氣；也謝謝一路走來，不管是曾經或現在，在身邊幫助我、陪伴我的親朋好友們，因為你們，

十

我才能快樂地活在夢中；謝謝一路走來都陪著我的工作夥伴，謝謝你們忍受過嗨的我，讓我很能做我自己；謝謝一路以來支持我的粉絲朋友們，你們的鼓勵，讓我不斷地前進；也謝謝不看好我的朋友們，你們的關心，成為我圓夢的一股助力。

想做的事還好多，有夢最美！雖然努力未必有收穫，但不努力一定沒收穫，也許不會成功，但換來的是人生中一頁或兩頁、老的時候可以拿出來笑一笑的經驗談；也許成功了，讓這故事成為永久流傳的傳家寶典。

法國封城期間，我在 3 樓的閣樓閉關寫作，身為「三寶」媽，「專心」這兩個字好難在他們醒著的時候出現，「媽媽！弟弟搶我的玩具！」、「嗚……媽媽，姊姊不讓我玩！」、「c'est à moi！（這是我的）」、「sors de ma chambre！（滾出我的房間）」、「Arrête！（停止）」，這些叫囂都是我寫稿時的背景音樂，最後只能利用他們睡著之後的時間，無聲地、日夜顛倒地專心創作。

這次疫情讓人感到生命的脆弱與人性的溫暖，看到人類的貪婪與邪惡，同時也讓人感慨有夢要快追，因為生命從今天開始會變得無法預測，也許哪天就突然呼吸困難、離開人世！生與死之間就在這個時候看得最開，想得也最豁達，會更珍惜生

命的價值與意義，因為，只有好好活著，才能看到夢想成真的那一刻！

千萬不要讓自己想做的事情成為一生的悔恨，誠實地接受大腦所發射的訊號，只要是對的事，就勇敢地去做，因為你永遠不知道未來等著你的會是什麼，只有去試、去做，才能看到。

這本書的誕生就像是我的第四個孩子，卻花了 10 年才生出來，希望大家在書中跟我一起笑，一起哭，一起氣，一起罵，一起快樂，一起感恩，最後，一起成長。

總之，做了再說吧！說不定會活到 150 歲，寫的故事不只 150 萬頁呢！

Photo By Boubakri Salim (Instagram : salimb06)

目錄
Contents

CHAPTER 1

人因夢想而偉大

People become great because of dreams

出發吧！金禧，
帶著爸爸的 10 萬元和幼幼班的法文程度，
去「驚喜」自己的人生吧！

@galerieslafayette 巴黎老佛爺百貨

人生第一個夢想

十

　　小時候，因為媽媽在婚紗攝影公司工作，需要同時學習攝影和化妝，常常拿我跟弟弟當小模特兒練習，指導我們如何擺pose，有很多機會穿漂亮的衣服，於是，小花童成為我兒時副業，常常在攝影棚、化妝間跑來跑去，對燈光、相機、化妝台早已見怪不怪，家裡一疊疊小時候的照片，漂亮的白紗小洋裝和玫瑰花冠襯托著剛掉牙時天真傻笑的娃娃臉，沒想到長大後也會有被別人笑掉大牙的機會，正所謂「小時了了，大未必佳」！

　　長大後，變胖又變高，永遠比同班同學還高壯，位子永遠都是教室最後一排，也因為發育太快造就駝背的壞習慣，有一次跟媽媽上菜市場，媽媽想買一條牛仔褲給我，結果試穿完M號之後，老闆看著我直接說太緊會阻礙發育，建議媽媽買L號，這個舉動就像在我身體蓋上「妳是胖子」的印章，導致了我的沒自信。

　　這個時期，我變得不喜歡拍照，變得內向又拘謹，只知道上課、下課、補習、回家、熬夜，加上家人一直教育我「書有唸好，將來才有成就」，就一路順著家人的想法努力唸書，生命中除了考試、背書，還是考試、背書。

　　直到上了高中，開始談戀愛，才發覺自己也有愛漂亮的一

面。那個時期很喜歡看少女雜誌和時尚雜誌，也好羨慕雜誌裡身材姣好的模特兒可以穿上漂亮的服飾，於是乎小時候穿著白紗小洋裝的感覺又回到久沒自信的大隻女軀殼裡，開始積極減肥，晚餐只喝湯湯水水，努力自我雕塑，學習穿著和保養，同時也發覺自己喜歡的事物，這才知道，原來小時候接觸的事物是自己真正的潛力，也許內心深處，希望能像蝴蝶一樣蛻變出更好的自己。

後來開始打工，公司安排了一堂「生涯規劃」，要我們拿出紙筆，寫下現在最想做的 10 件事和最不想做的 10 件事，我才發現，長這麼大，好像從來沒問過自己這些問題，從小懵懵懂懂，只知道聽從父母的安排唸書，只知道打工是為了賺錢，第一次試著問自己：我想做什麼？

顫抖著在紙上寫下人生的夢想，連自己也沒想到，我最想做的事，就是成為雜誌裡的「模特兒」；接下來的順位分別是：環遊世界、賺進人生的第一桶金。

現在想想，人生好像就是要在這樣的懵懵懂懂下才會長大，總是要跌跌撞撞後才知道怎麼爬起來，犯了錯之後才知道什麼是對的；然後才知道自己要的是什麼，也才知道要怎麼繼續走下去。

+

　　猶記得當時教育訓練的老師曾對我們說：「問問你自己，為什麼你到現在還沒實踐列出來的這 10 件事？為什麼你還繼續做著你不想做的那些事？」於是我真的在心裡問自己：「是啊！為什麼呢？世界這麼大，應該要去試試看呀！」

　　就這樣，我人生的第一個夢想，油然而生！

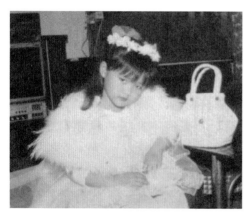

No. 2

模特兒夢

「會不會危險？很亂吧？」

「很多都騙人的吧？要小心一點耶！」

「妳要多看看多想想喔！這真的是妳要的嗎？」

在我跟爸媽和親朋好友們說想當模特兒時，大家的反應都相當一致——好像我隨時會被別人騙走，被別人抓去賣，或是出現在隔天社會版頭條上，打著大大的「某青少女為圓模特兒夢陳屍淡水河」標題！

但我內心深處有個聲音一直不斷告訴自己：「不去試怎麼會知道？」就算有危險、就算會跌倒，那也是自己的選擇，就算留下疤痕，藥也是自己擦，故事也會很動聽！

「模特兒是被雇用來展示、宣傳和促銷產品的人，或作為視覺幫助。模特兒是法語『modèle』的音譯，近年來網路上也音譯英語『Model』，模特兒主要是指展示藝術、時尚產業、廣告的人，通常以伸展台模特兒為代表，也代表此類從事的職業內容，根據不同表現方式分為多種類型。」維基百科上把這個職業的好處與爭議寫得很明白。

10 幾年前我連智慧型手機是什麼都不知道，更別說「維基百科」了！我所知道的模特兒，就是雜誌裡長髮飄逸、搖曳生姿、體態優美，拍著一張張美麗照片的女孩兒，永遠都穿著

十

很漂亮的衣服、鞋子，拿著精緻的名牌包包，掛著亮麗的珠寶首飾，在伸展台上自信滿滿、光彩奪目。

只是，「模特兒」這三個字，跟那時毫無自信、黯淡無光的我彷彿永遠畫不上等號……但我內心深處依然渴望變成她們，夢想成為「我們」。

為了圓夢，經歷過幾家奇奇怪怪經紀公司的試鏡、拍照、量身、諮詢，有的公司要我先付模特兒拍照費之後才會發工作通告，有的公司拍拍照就叫妳回家等通知，還曾經有一間公司，連我的身高、三圍都沒問就直接問我：「妳喜歡做愛嗎？」

天啊！這是什麼問題？我該不會真的隔天就陳屍在淡水河裡了吧？那時網際網路剛開始盛行，我不斷回想：我到底是在哪裡看到這些五四三的網路廣告？才 20 出頭的我嚇出一身冷汗：「為什麼……問這個啊？」

對方說：「如果妳喜歡，之後的事業一定如日中天！」

這是什麼論點？我想，當時一定有尷尬的三條線出現在我臉上！謝謝不聯絡，我立刻找個藉口開溜，一走出那扇門立刻拔腿就跑！

難怪爸媽時常叮嚀我們在外要小心，這社會的風險邪惡必須睜大眼睛看清楚，遇過這些奇奇怪怪的事情後，讓我開始有

想放棄圓模特兒夢的念頭。

考上大學後，有一次因為好玩報名參加雜誌社徵選模特兒的比賽，想說就當最後一搏試試看吧！如果試過之後這個夢想還是 GG 了，至少對自己有個交代。

這次我把自己打扮得漂漂亮亮，準備我的拿手絕活才藝：唱歌，努力參加比賽闖關，沒想到最後跟另一個女生一起得到第一名，一起拍了生平第一次的雜誌別冊封面！

封面耶！也許對其他人來說「這又沒什麼」，但對當時的我來說卻是人生中一個重要的時刻。

捧著封面上印有自己的雜誌興奮地回家跟父母分享，我的心裡雀躍不已，我圓夢了！在夢想名單的框框上打了一個大勾，這份從小到大不曾有過的成就感，比考試拿第一名還開心，我為自己感到一絲驕傲。

沒想到，我會因為這個封面被當時的老闆欽點，正式踏入了模特兒圈！雖然大學才入這行，起步有點晚，但我很清楚，這就是我想要的，我正走在自己的夢想道路上！

如今回想，真的很謝謝一路走來的工作夥伴，接受我的無厘頭和所謂的「金氏瘋格」，一起快樂的、瘋瘋的工作著，讓我一直開心地活在我的模特兒夢裡！

在這一行，個人的運氣與態度決定成功，互信合作才能長久！想當模特兒，首先要選擇一個對你／妳未來的模特兒路有想法、對你／妳在這個行業有信心，而且相信你／妳能做到的經紀人，然後，給他們一點時間，讓他們幫你／妳做到曾經允諾過你／妳的目標，也請準備好自己的個人條件與心態，在這段時間裡完全地相信他們。

No. 3
模特兒界的哈比人

╋

　　剛入行那段日子，看似光鮮亮麗的工作，對於身高在模特兒圈裡算是哈比族的我來說，站在身邊動輒都是 175、180 長腿模特兒的伸展台上，其實還是沒自信；幸運的是，當時的何老師非常賞識我，我跟在她身邊獲得豐富的平面拍攝經驗，而她的眼光看得也特別遠，為剛出道的我安排了另一條比較不一樣的時尚之路，讓我踩著中國風和自己的韻味，走在與別人不一樣的道路上，可以說，如果沒有她，也不會有現在的我。

　　只是當時的主流市場還是喜歡芭比娃娃或混血兒那種甜美臉孔，讓我一直對自己的古典東方外型沒有信心，也對這個行業始終無法上心，抱著「有就有、沒有就算了」的隨遇而安心態。

　　可能因為不上心，有一次拍服裝目錄時還被資深攝影師斥責：「妳會不會擺 pose 啊？沒有心就不要來當模特兒！」

　　其實他的語氣並不是特別凶，比較像是失望，當下氣氛尷尬到我好想找個洞鑽進去。心情低落完之後，可能被罵醒了，我突然有種奮發圖強的上進心，我問自己：好不容易建立的夢想，怎麼可以就這樣放棄？怎麼可以被這些斥責話語打倒？

　　像開了竅似地，放學後只要有時間我就跑去當時 24 小時營業的敦南誠品書店，一坐就是 4、5 個小時，翻了一本又一

本國際雜誌，學習國際模特兒的動作與肢體語言，學習拍照的構圖，學習用不同的角度與光彩拍攝出不同的美感，我深深為時尚而著迷，怎麼會創作出如此吸睛的構圖，如此創意的攝像？加上世界級的服裝、飾品、包包，每一頁都讓人眼睛為之一亮！

　　我知道以自己的身高條件，距離國際伸展台還非常遙遠，但儘管如此可遇不可求，我還是在心中框架出一個鎖在深處的國際夢想。當時的 Kate Moss、Divan Aoki，身高都跟我相當，卻能發展成名模，讓我心中的夢想火苗緩緩醞釀著！

　　幾年後的某一天，我接到一個消息，我終於有機會去巴黎的國際時裝伸展台走秀了！

出國走秀

「金禧，妳有機會去巴黎喔！」電話那頭，經紀人興奮地說。

「八里？淡水對面那個八里嗎？什麼時候？什麼工作？」電話這頭，我一頭霧水。

「不是啦，是法國巴黎！有台灣設計師要去法國作秀。」經紀人解釋。

「OMG！真的嗎？」這下換我興奮尖叫了。

是不是老天爺看到我的夢想表了？還是我內心深處那句「我希望」的吶喊太真切？模特兒界哈比人站上國際舞台，這不是夢吧？（捏自己大腿）

這次有機會站在國際時尚秀的舞台上，要謝謝設計師鈺峰、伯勳，讓我的人生再一次遇到伯樂，不但十足感動也與有榮焉！

一行人踏上巴黎之旅，各家記者、名人、工作人員聚集在機場，當然也少不了我們三個設計師欽點的台灣模特兒，期待了這麼久終於要出發，內心澎湃，興奮不已！歷經13個小時的飛行，「就快到了」四個字一直在我的腦海裡反覆放送，從下飛機、過海關、拿行李，巴黎戴高樂機場到巴黎市中心的一路上，所有歐洲式美景都那麼新鮮，巴黎的建築、巴黎的橋樑、

十

巴黎的雕像，我像個對所有事物都保持新鮮感的小孩，兩眼和嘴巴同時驚呆！真不敢相信，我真的來到巴黎了！

緊湊的行程一刻也不得閒，下榻飯店之後馬上趕到會場 fitting，現場的模特兒一個比一個還高，179、180、183、187、188⋯⋯喔，天啊，她們是吃什麼長大的？是樹人族的後裔嗎？幸好我們人小志氣高，我在心中暗暗決定，彩排時我一定會比誰都賣力，因為，眼前這一切對我而言，是個很不一樣的舞台、很不一樣的開始！

隔天凌晨 5:30，攝氏 13 度左右的氣溫卻抵擋不了我再度澎湃的心情，身旁的記者大哥大姐們問我們心情如何？說不緊張是騙人的，上台前那一刻，心跳加速到彷彿快要跳出來了！

黑色背板約 4 米寬，伸展台幾乎有 5 米長，舞台背板中間是兩道高達 2 米的燈泡所組成，因為音樂而有不同的燈光變化，台灣原住民音樂《高山青》在法國巴黎左岸的法國美術學院裡繚繞，那種高亢嘹亮，勾得人內心澎湃不已，聽著故鄉的音樂正在巴黎的伸展台上播放著，當時的感動至今難忘。

「一切都會很好的、一切都會很好的⋯⋯」我一直不斷地自我催眠，化妝、造型、彩排，看似跟台灣 fashion show 的程序一樣，但是在巴黎就是有不一樣的氣氛。

「因為是巴黎、因為是巴黎、因為是巴黎呀！」不知是冷還是興奮，後台的我全身抖個不停，腎上腺素不斷飆高，總覺得需要一點鎮定劑才能安撫自己的亢奮情緒。我心一橫，跟著音樂跨出去的那一步異常有力，我真的在這個舞台上了！隨著音樂走動，我好想用啦啦隊拿彩球的跳躍方式走秀，但「專業」二字立刻跳出來壓制我，告訴自己一定要專業地完成每一套服裝。

通常設計師們在製作自己的服裝系列時，初登場和壓軸的那兩套，最能代表這一系列的重心，其中有一套服飾需要佩戴20公分高的苗族頭飾，在定裝之前，我開玩笑的說：「這一定是給我戴的吧？因為這樣我才能跟其他人一樣高。」

我是很認真地自嘲，沒想到真的是給我戴，而且是壓軸的最後一套，我為自己也為設計師感到驕傲，我們真的做到了！下台之後，大家抱成一團，熱淚盈眶，一起站在國際時尚舞台上，我們不但大放異彩，同時也圓了出國走秀的夢，一起在歷史上寫下這一刻。

No.5
愛上巴黎

十

　　巴黎，不是三言兩語就能說盡的美麗城市，站在代表法國地標的艾菲爾鐵塔頂上，感覺彷彿置身天堂，從 0 到 324 米，塔外的世界就像 LEGO 積木一樣，放眼望去所有的建築物都不會超過 7 層樓，整齊劃一地坐落在艾菲爾鐵塔四周，清楚地鳥瞰塞納河，遠眺凱旋門、香榭里謝大道、新凱旋門、羅浮宮……為了多看看這座美麗的城市，結束工作之後我自己多留兩天，享受一個人在巴黎街頭晃蕩的滋味，徒步從羅浮宮走到凱旋門，擁抱巴黎的秋天氣息，餓了就在路旁買份熱狗，累了就坐在路邊休息。

　　法國乾燥的氣候跟台灣的濕冷形成強烈對比，空氣中少了黏膩的氣息，聞起來乾爽又舒適。

　　走著走著，想起朋友說東方人在法國很吃香，尤其是非常東方味的女生會有很多豔遇，果然，一路上真的有人過來跟我聊天搭訕，而且還不只一、兩個！這法式的甜滋滋浪漫，我喜歡！

　　巴黎街道上處處都可以看見咖啡館，桌椅都會放在人行道上，乾爽舒適的環境，讓人喜歡坐在戶外曬太陽、看看路上的行人，觀察他們的言行舉止、妝容打扮，是巴黎這個城市給我的一大享受！

十

　　法國女人很淑女也很有女人味，就算腳下的石頭路坑坑巴巴，她們也堅決要穿高跟鞋在路上行走，實在令人佩服！巴黎女人的妝容，多半都以鮮紅色口紅為主，鮮豔的紅襯出白皙透亮的膚質，加上一點點睫毛膏、一點點自然色系的眼影，就算臉上有雀斑也美得很有自信，長風衣、絲巾、太陽眼鏡、高跟靴子、很 chic 的包包，蓬鬆微亂的淺棕髮色，隨興地點著一根菸，邊走邊抽，她們的腳下，每一步都散發出巴黎的女人味。

　　巴黎女人的自信就是這麼簡單、優雅，每個步伐都像是在告訴全世界：「我是最美的！」但她們在咖啡館時，愛怎麼跟朋友聊天、愛怎麼手舞足蹈都沒有「偶包」，因為那是屬於她們自己的時光。

　　在這個下午，我學會如何與法國男人邂逅、如何成為一個法國女人。

　　也讓我愛上了巴黎。

No. 6

我在巴黎的棚拍

十

　　第二次參加法國時尚秀是在巴黎的二月天，這次雖然比上次來得輕鬆，但期待也更多，由於行程算是愜意——一天定裝、一天走秀，剩下三天是自由時間，同行三個女生還沒出發就一直討論該怎麼安（享）排（受）有如天上掉下來的「自由」行時間，卻沒有想到，人生不管再會安排，總是會有意外。

　　二月的巴黎只有攝氏 0 ～ 2 度，寒風刺骨，是會讓皮膚龜裂、鼻子凍僵一碰就掉那種冷，我們到達的前一天晚上還下了雪，對到處都有暖氣的巴黎來說真的是冷到最極限！

　　幸好所有室內都有暖氣供應，大部分巴黎人在室內都只穿薄薄一件上衣和小外套，若要出門，再加上保暖大衣和圍巾，完全洋蔥式的穿法。這次的飯店雖然比上次大，但房間還是一樣小，五坪大、兩張床、三個人，光行李箱就把走道塞滿，更別說冬衣爆棚，但這樣擠在一起互相取暖，一起度過共患難的五天，心裡有說不出的感動。

　　定裝時間到了，184、32、23、34 ／ 183、33、24、35 ／ 180、34、23、35，每張模特兒卡上有如巨人的身高和三圍數字，看得我頭昏目眩，但我告訴自己，別怕！因為自信早已在我的內心根深蒂固，自動在頭上加了 10 公分的氣場，腳下套上一雙隱形高跟鞋，讓我和他們並駕齊驅！

十

It's show time！

這次的秀是在羅浮宮卡胡塞爾（carrousel）廳發表，秋冬裝的主題為巴洛克和 80 年代搖滾風，彩排時聽到很多耳熟能詳的搖滾音樂，加上法國團隊的梳化造型，有機會能和這樣的團隊合作真的很開心，也因此認識了 Kim。Kim 是團隊的 Leader，在她幫我梳化的時候，我鼓起勇氣跟她聊天。

我：「好開心可以在法國工作！希望下次還有機會來呀！」

Kim:「妳可以在巴黎找公司啊！」

我：「要怎麼找呀？」

Kim：「把妳的資料寄給模特兒公司呀！等一下……」她突然離開，留下頭髮只弄了一半的我，錯愕地呆在椅子上。

幾分鐘後，Kim 帶著設計師走向我，設計師看著我說：「金禧，Kim 覺得妳看起來很有型，時裝秀結束後要帶妳去拍攝 Valiantly faire 英國版雜誌大片。」

「什麼！」我的內心雀躍不已！擁有再次遇到貴人的幸運，我內心萬般感謝！

走完秀，跟著 Kim 一起到達巴黎的攝影棚，才發現原來他們已經找了另外一個外國模特兒，Kim 跟他們嘰哩啪啦用我完全聽不懂的法文對話之後，改用英文對我說：「來，妳先試

拍第一套！」

　　換完衣服，踩上熟悉的背景紙，燈光啪啪啪地閃起，我的動作也跟著啪啪啪地變換，攝影師很會鼓勵人，每按一次快門就會說一聲「c'est bien」、「super」、「magnifique」的讚嘆詞，拍完之後繼續用我聽不懂的法文對話，Kim最後為我翻譯：「他們說他們找到寶了！妳表現得很棒！再去換下一套吧！」

　　第一次得到這麼多的讚美，我的眼角泛起淚光，也讓我自信加倍、能量加倍、努力更加倍！最後因為我的肢體表現令人驚豔，他們決定都用我來呈現這個單元，也因為這次拍攝，我認識了很多外國朋友，和他們一起工作的感覺好好！

　　第一次巴黎攝影棚拍，第一次拍攝國際雜誌，第一次國際模特兒實習，讓我更是深深地愛上巴黎。

　　接下來，因為Kim繼續跟設計師邀約，希望我在巴黎的時間能用來再拍攝幾組照片，結果，隔天到了另一個攝影棚，才發現需要裸上半身拍攝彩妝與珠寶！可能因為抵擋不了室內攝影棚的低溫，開始出現頭暈、頭痛的症狀，我竟然發燒了！

　　「撐下去！加油！妳可以的！等等再去藥局買藥就好！」求好心切的我不斷地催眠自己，沒想到，下一秒我就在攝影棚昏倒了！

十

Kim 跟攝影師都嚇壞了！熱心焦急的 Kim 立刻跑去藥局幫我買藥，貼心的攝影師連忙倒水給我喝、拿毛毯給我蓋，拍攝一度中斷，但他們非但沒有怨言，還無微不至地照顧我，讓我非常抱歉沒有先把自己的身體狀況告訴他們。

最辛苦的是一起前往巴黎的兩位模特兒姐姐，不但自由行泡湯，還要照顧感冒的我，果真是「計畫趕不上變化」呀！

這次的經驗讓我學會了重要的一課──不行不要硬撐，做事可以努力，但身體健康才是最重要的！

No. 7

爸爸的 10 萬元

十

　　歷經兩次法國時尚洗禮，我深深愛上了巴黎！愛上了她的美，愛上了她的人文，愛上了她的一點一滴，就連路邊的垃圾桶都覺得「哇！好美」！也因為愛上了，回台灣之後我開始學法文，想更了解這美麗的地方、這美麗的語言，也才知道法語實在是太過浪漫，太難學了！

　　而與 Kim 的熟識，是我從沒想過也無法想像的收穫，他可以說是助我踏上國際伸展台的貴人，若不是他的支持與鼓勵，我連想也不敢想可以出國到巴黎發展，也不認為我的國際模特兒夢有機會可以實現。因為有他，我的人生出現了另一道曙光。

　　「I hope you can come to Paris to try.（我希望妳能來巴黎試試看）」有一天，Kim 寄給我一封 email，上面這麼寫著。

　　「Me? I want to go. but my height.....I don't think it's a good idea.（我？我很想去，但我的身高……我不覺得這是個好主意）」我很沒信心地這樣回覆她。

　　「It's not a problem. I can show you to everyone. if you come!（那不是問題，如果妳過來，我可以帶妳去見每一個人！）」Kim 非常積極。

　　神啊，我上輩子一定有燒好香，不然怎麼會遇到一個如此

為我設想的人！我感動到想哭，但是心裡還是猶豫不決：「I will think about it, let's keep in touch.（我會想想，我們保持聯絡）」

不是我不想去呀！只是在一向苛責的教育環境下長大，在這個現實無比的時尚王國裡，我無法如此天真地擁抱夢想，就算一站在攝影機前就會自帶信心，儘管身邊的朋友都很支持我，雖然 Kim 的鼓勵點亮一絲絲曙光；但實際上，我心中的夢想泡泡正漸漸消失，慢慢破滅。

巧合的是，沒過多久，我就接到經紀人的電話，有個工作要我飛去巴黎。對，就是那個我一直不敢置信地問「是巴黎還是八里」的命運關鍵來電。

「是巴黎！台灣版的 VOGUE 要在巴黎拍攝，希望妳能飛過去一趟。」電話那頭的經紀人開心尖叫。

謝謝這天大的好機會，謝謝大家的成全，謝謝老天爺，謝謝佛祖，謝謝主，感謝這一切的一切！

就在這樣的天時、地利、人和之下，我下定決心，放手一搏，拼了！

跟爸爸借了 10 萬元，並且跟爸爸誇口：「就一個月，有就有，沒有就回家，以後不再想巴黎的事，好好找份工作，慢

慢把錢還你。」

　　就這樣，我真的一個人飛去巴黎了！

　　當我說要到歐洲發展時，很多人都抱著看好戲的心態，當時身邊所有的反對聲浪不外乎：「妳確定嗎？」「妳以為妳是誰？」「妳這個身高也敢去？」「別去浪費時間了！」「妳好有勇氣喔！這真的很冒險耶！」「不是每個人都可以去巴黎的！」

　　我只是在做我想做的事，不管成功或是失敗，若不去試，永遠不知道未來會發生什麼！

　　於是我對自己說：「出發吧！金禧，帶著爸爸的 10 萬元和幼幼班的法文程度，去『驚喜』自己的人生吧！」

CHAPTER 2

出發吧

C'est Parti

○ ━ ○ ○ ○

就這樣，
我這個現代人開始了沒有電梯、
就算爬 10 層樓也能樂此不疲地當成減肥、
窗景裡鑲有巴黎鐵塔的日子……

@galerieslafayette 巴黎老佛爺百貨

No.8

眼界大開

十

　　太好了！那種豁出去的感覺，還有不知天高皇帝遠、天不怕地不怕、充滿希望的、全身細胞都動起來的活力，那種活著、存在著的滋味，那種充滿未知的恐懼卻又雀躍的期待，那種用生命在燃燒的熱量，那種可以感受到身體的澎湃和血液串流的感覺……實在是太棒了！

　　只是，這次我要自己一個人坐飛機！

　　雖說之前兩次巴黎行有內行人帶過路，這次去應該不是問題，但自己坐飛機還真是生平頭一遭啊！

　　「不要怕，不要慌，對好班機號碼、時間、地點，就不會出錯！給自己愛的鼓勵，用樂觀態度看待一切，一切都會順利的……」

　　「但我要去香港轉機，天啊！香港機場好大！我會不會迷路？我會不會趕不上飛機？我會不會遺失行李？我會不會找不到登機門……」

　　出發前我每天的內心世界裡，都有金天使與金惡魔交戰著，最後──

　　金天使完勝！

　　因為「豁出去」的感覺把所有恐懼都趕走，我嘴裡哼著歌，連走路都有風，雀躍的步伐隨時都能跳起踢踏舞、恰恰或是倫

巴，就算找不到登機口也只是笑一笑，冷靜地詢問機場人員，對方也笑笑地為我指點迷津，因為好心情是會互相感染的！

「*沒什麼好怕的！金禧，加油！*」金天使彷彿拿著大聲公在腦海裡廣播，因為，我正踏在國際之路上，任何困難都不能阻止我向前！

到達巴黎時，跟以往熟悉親切的工作人員一起工作，一起歡笑，一起把工作做好！收工之後大家住同一家飯店，她們跟各家雜誌編輯都彼此認識，只要有機會就帶著我參加各式各樣的邀請活動去開眼界，一起看秀、一起看表演、一起看藝術、一起看 show room，因為有大家的護航，我一點也不害怕，反而更加愛上這個美麗的花花世界。

跟之前兩次在巴黎後台工作不一樣，在伸展台下看到的台上是如此浩瀚，從舞台設計、視覺燈光設計、服裝設計、音樂設計、模特兒、妝髮造型，到整個大市場、世界各地的媒體明星、各個國家的客戶，合力打造出一個時尚生態圈！這世界級的規格，我看在眼裡，學在心裡，頓時發覺原來這世界好大，我們好渺小！原來這世界還有這麼多的可能性，這麼多的藝術創作，這麼多的想法，這麼多的變化和美好！

好多的驚嘆號一直不斷地出現，我心裡知道：我需要學習

＋

的地方還很多，需要看的人事物也好多！

　　謝謝這一切的一切，謝謝當時大家的照顧，讓我這無知的小女子開了眼界，見識到法國時尚產業的力量與魅力。

　　正所謂「人要衣裝，佛要金裝」，服裝，是個人個性的表達，是社會文明程度的標誌，是文化中的藝術品，是美化生活的裝飾品，是人們生產勞動日常工作的安全防護品，是繁榮國民經濟的重要商品，故而形成人類歷史上最不可或缺的一環。帶領世界的服裝品牌、設計師理念、創意想法，從 70、80、90 到 21 世紀，在在都看得到人類的進步與時代的創新。

　　服裝，與你我存在著一種微妙的關係；時尚，存在於個人的生活、態度與個性，因為每個人都是獨特的個體，擁有獨到的眼光與品味。

　　身為模特兒，有幸能跟服裝共存，成為時尚的一環，我很榮幸。

我的巴黎小公寓

十

　　所以接下來呢？雖然跟爸爸誇口「一個月」，但這一個月怎麼打算？住哪？睡哪？在哪兒過活？我完全沒有頭緒，就這樣飛到巴黎，真不知打哪來的不知死活，讓我如此強大，說留下就留下。

　　這次一起工作的 Kim，義氣相挺地幫我找了巴黎的攝影師、幫我推薦巴黎的經紀公司、幫我安排試拍……有如我的再造父母。另外，VOGUE 的工作人員也熱心地介紹住在巴黎的台灣朋友 Q 給我認識，Q 之後也介紹了很多朋友給我，幾乎是全巴黎都聯合起來在幫我了！

　　正所謂「在家靠父母，出外靠朋友」，一方面把這些都感念於心，一方面也很開心他們能接受我這大剌剌的男孩性格。

　　但是，一開始真的找不到住的地方。

　　金天使說：「*要在巴黎找住的地方不難呀！只要有錢就好了！*」

　　金惡魔說：「*這不是廢話嗎？*」

　　身上只有 10 萬元，當時台幣跟歐元是 1:45 左右，換算下來我只有 2000 多歐元，但隨便一間 10 坪大的套房公寓都要1500 歐元起跳，付了錢之後，我就不用吃不用喝啦！那時還沒有現在的 Air b&b，網路上根本找不到 1000 歐元以下的房

間，也沒有認識的朋友在經營民宿，更沒有熟到不行的朋友可以讓我睡他家的沙發。

後來，我找到巴黎北邊 château rouge 附近一間 15 平方米（5 坪）、才 600 歐元的房間，沒想到 Q 不贊成。

「不行！不能住那裡，我之前在那區被攻擊過，在公車站莫名被一個有色人種吐口水，還被罵『死亞洲人』，那裡太危險了！妳來我家，我家沙發給妳睡，直到妳找到安全的地方。」

另一個朋友 L 也驚恐地阻止我：「那裡對單身女子來說很危險。」

原來巴黎有這些我不知道的黑暗面，我好像太單純了。為了免於身陷危險區域，加上一直睡沙發也不是辦法，後來我找到一間位於 15 區的 4 樓雅房，同樣 600 歐元，卻是相對安全的區域，從房間望出去可以看到巴黎鐵塔，樓下是 15 區市集，只需要跟一個正在巴黎唸書的女同學分租，她睡客廳、我睡房間，衛浴設備共用。

哇嗚！鐵塔ㄟ，景觀一定很美！可是……這間公寓沒有電梯！

十

　　法國的 4eme étage 其實就是台灣的 5 樓，也就是說，每次出門都要爬 5 層樓，加上回家，一天起碼要爬 10 層樓。

　　這時金天使跳出來說：「*為了巴黎鐵塔的景觀，為了這一個月的安全，就當運動吧！*」

　　但金惡魔立刻跳出來吐槽：「*X！爬到腿變粗，去踢足球吧妳！*」

　　金天使不甘示弱地回嗆：「*可以在法國當足球員也不錯耶！*」

　　金惡魔翻了個白眼，懶得再吵，只有在我踩著高跟鞋或買了一堆東西回家爬樓梯上樓時會突然冒出來：「*踢足球吧妳！*」

　　一般巴黎的建築，多半是奧斯曼風格建築，19 世紀最初為四種不同社會等級的人士提供了住所，他們分別佔居了樓房的六個層級。一般而言，經營店舖的老闆、經理生活在第二層，也就是 1er étage，樓下臨街的一層（rez-de-chaussée）便是他們的店舖，因此，二層樓房內的屋主往往是有錢的資本家，他們的住所寬敞、明亮，在還沒有電梯的年代，不用太費力就可回到家。

　　民用電梯在 20 世紀之後才得到普及，二層樓房配有很大的陽台，這些陽台不僅擴大了房主的居住面積，還大大減弱

了街道噪音對住房的影響。三層（2ème étage）和四層（3ème étage）風格類似，有些配有獨立陽台，住戶多為中產階級。

經濟條件更差一些的家庭則必須使用雙腿爬樓梯，選擇第五層（4ème étage）居住。出於美觀的考慮，五層樓房也配有沒有任何裝飾的陽台，以滿足協調外牆外觀的要求。第六層（5ème étage），也就是最高的一層，是小職員的住所，這層樓的房屋往往被稱為「保母房」。

還有一點值得注意的是，奧斯曼風格在樓層住房外觀設計上，注入了對房主社會地位的考量因素：越往高層走，外牆的設計就越簡單，所以高樓層的窗子周圍很少有精緻的石雕。時過境遷，在電梯的應用和普及之下，如今受到青睞的反而是高樓層，因為現代人渴求更為安靜的居住條件，高樓層不但遠離街市噪音、又有眺遠的視野，完全顛覆了 19 世紀的階層制度。

就這樣，我這個現代人開始了沒有電梯、就算爬 10 層樓也能樂此不疲地當成減肥、窗景裡鑲有巴黎鐵塔的日子——也難怪巴黎人多半身材纖細，大家的運動量都很充足——偶爾配配紅酒和起司、法國麵包和可頌、古典音樂 Gymnopédie 和法國香頌 La vie en rose、看著牆上的愛米粒電影海報和埃及艷后作伴，開始了一個月的法式生活！

我的第一個 Booker

＋

剛開始，除了認識很多住在巴黎多年的台灣新朋友，在巴黎熟門熟路的 Kim 也把我推薦給他之前的經紀人、現在模特兒公司工作的 E。

儘管事隔多年，我仍然記得和 E 第一次見面的場景——我跟著 Kim 走上位在 Saint-honorés Hermès 隔壁畫廊樓上的經紀公司，一開門像是愛麗絲夢遊仙境裡喝下縮小藥水的小公寓，灌木地板走起路來叩拉叩啦的像是在跳踢踏舞，天花板上是一條條 18 世紀留下來的木樑，在這樣誇飾的場景裡迎接我們的，是留著一頭埃及艷后髮型的 E。

鮮豔紅唇透出她的好膚質，深邃的雙眼，超長的睫毛，黑色齊長的瀏海，加上黑框眼鏡，整個人特色鮮明到不行，因為聽不懂他們的對話，只好一直觀察她。Kim 在旁邊一直不斷地說我的好話，說之前的拍攝有多順利，在鏡頭前的表現有多驚豔，希望她能幫我在法國發展，雖然一連串我聽不懂的法文，但 E 帶著善意的各種肢體語言，讓我雖然聽不懂卻很明白，後來 E 也試著用她的法式英文跟我溝通，讓我有種備受禮遇的感覺。

就這樣，E 成了我在巴黎的另一個大貴人，她是我的第一個 Booker（經紀人），也是第一個真心接納且相信我可以的

經紀人。

　　E 對我的照顧真的可以說是無微不至，很多國際模特兒都是 15、16 歲時就離家到世界各地走跳，對我這個 25 歲才剛踏出國的菜鳥，他們一樣把我當成未成年少女來照顧，讓我就算身在異鄉也不害怕，很溫暖也很開心。最重要的是，他們全然接受我的身高！雖然他們明白地告訴我，身高會是走秀的大問題，但還是鼓勵我，巴黎還有很多不一樣的工作，一切就看我的運氣！

　　對於當時這些認可，我心裡是滿滿的感動，很謝謝第一個這麼相信我的經紀人，第一間這麼相信我的國際經紀公司，開啟我的國際模特兒大道。

金禧OS：

小公司有小公司的溫暖，大公司有大公司的資源。是要在小廟裡當大佛？還是在大廟裡當小佛？我覺得，遇到一個相信你一定可以的人，比公司大或小來得更重要！

十

　　不知道你有沒有「預知夢」這樣的經驗？在生活中的某一時刻、某個瞬間覺得好熟悉、似曾相識或曾經夢過，我就曾在某個時刻尖叫說：「原來是你！原來曾經在我夢裡出現的人就是你！」

　　人的緣分真的很奇妙，有些時候就是會遇到一些人、事、物，冥冥之中，不知不覺地發生、不知不覺地存在著、不知不覺地陷入，但你永遠不知道下一秒會遇到誰？會發生什麼事？而且，為什麼是他而不是另一個人？上輩子是他欠我的，還是我欠他的？這輩子是來還的，還是來討的？這些都是難以用言語形容的神奇力量。

　　重點是，若遇到了，請真心真意的、天真無邪的對待這些人事物，去敢愛敢恨、去愛去付出，但前提是要先保護好自己；就算遇到鳥人、就算遇到鳥事、就算遇到鳥物，也能問心無愧的、瀟灑的、華麗的轉身離去。外面的閒言閒語，就隨他去吧！畢竟那些真心誠意、那些曾經的快樂，才是彼此之間留下的美好回憶。

　　而選擇，就是這神奇力量精彩彼此人生最大的選項！就只是 Yes or No 這最簡單的是非題，好比電影「Yes Man」裡金凱瑞飾演的主角一樣，人生大多時間一直說「NO」的他，某一

天得到朋友的啟發後，對任何人事物都來者不拒地說「YES」，沒想到之後活得無比自在快樂。因為他接受了所有的人事物，讓人生開啟了不一樣的故事，寫出了不一樣的劇情。

　　我很謝謝我自己，當年做了一個這樣的選擇，為我的人生寫下了不一樣的劇情。

No. 11

猛男洗澡秀

+

　　接下來的一個月，Kim 安排我跟很多攝影師合作，試拍了很多照片，E 則是努力安排試鏡和工作，想盡辦法讓隻身一個人來巴黎打拼的我能夠有所收穫。工作之餘，我也跟朋友到處去玩、到處去看，沒有人陪的時候，就自己一個人坐觀光巴士遊巴黎，仔細把這個城市看過一遍。

　　街上每個店家講究的裝潢佈置看得我目不轉睛，店內的設計、藝術品也讓我意猶未盡，博物館、公園、鐵塔、聖心堂、聖母院、歌劇院，hôtel de crillon 前一整排的名貴寶馬車……在觀光巴士上有看不完的美景，逛不完的品牌，喝不完的紅酒，吃不完的美食，巴黎的奧斯曼建築配上優雅的藍天白雲，讓天空好開闊，舒服的氣候配上乾燥的環境，不管是隨興地在路邊草地上野餐、曬太陽，都如此的愜意。

　　印象最深刻的是，瑪黑區的 gay bar 真是無奇不有！這天剛好是巴黎的不眠夜，每年 10 月的第一個星期六，巴黎整晚都是派對，從晚上 7 點一直到隔天早上 6 點，越夜越有趣、越夜越精彩，大家統統都跑出來玩了！很多活動都是免費的，音樂四處，藝術四處，整個巴黎熱鬧無比、歡樂無限！

　　那一夜，在朋友的帶領之下，我們來到一家很有名的 Raidd bar。兩個高大勇猛的黑人在門口守著，控管著店裡的人

數。一進門，藍色的燈、炫目的光、熟悉的音樂，來自世界各地的帥哥美女，大家都是因養眼的「猛男洗澡秀」慕名而來！據「姐妹們」的小道消息指出，bar 裡的 waiter 都是法國有名的 R 片男明星，而這間酒吧就是他們重要的表演舞台。

　　吧台右上方有個淋浴間大小、用透明玻璃隔著的空間，就是「猛男洗澡秀」的舞台，大家奔相走告，再過幾分鐘就會有洗澡秀，記得要張大眼睛看好看滿啊！

　　某知名 R 片男明星走進淋浴間，手上拿著沐浴乳，性感地擠了滿出手掌的泡泡，慢慢地在八塊肌上遊走，還拉開身上唯一一件小泳褲，把沐浴乳毫不留情地擠進去……性感的動作伴隨音樂熱舞，看得我這個東方乖乖牌臉紅不已，大開眼界，只差沒把眼睛捂起來或找個地洞鑽進去！

　　「脫了脫了……他脫了！」

　　四周充斥著興奮的尖叫聲，他背對觀眾慢慢隨著音樂脫下身上唯一一件「衣物」，結實緊致的屁股浪舞著，台下頓時鼓譟起來。

　　「他轉過來了！」周圍響起更興奮的大叫，有人激動到拍打身邊的朋友。

　　一方面期待看到什麼，一方面又害怕過於刺激，正屏氣凝

十

神時——

「吼……」全場異口同聲失望怒吼。原來他聰明地用唯一的小褲褲遮住了重要部位，春光不外泄！

10分鐘的洗澡秀表演，看似刺激，結果卻有一種什麼也沒看到的失望感。多希望那唯一一件「衣物」不小心掉到地上，那一定會是今晚的高潮！這時朋友說，之前有位表演者，因為「重要部位」太大了，小褲褲遮不住，索性就不遮了……

喔，我又臉紅了！

巴黎，真的是天堂！

地鐵裡賣這個？我的下巴掉到南極去！

No.12

飛向世界

╋

　　這一個月和過去所有的人生相比，最不一樣的是，因為跟著來自世界各地的攝影師、化妝師、造型師一起工作，看到很多美麗的餐廳、服裝、飾品，看到他們的工作方式、做事態度，看著他們不馬虎卻創意十足的發揮，看著他們對所有的人事物都耐心、欣賞、積極正面、鼓勵的回應，讓我在他們身上學會了國際級的做事態度。

　　首先，因為一起工作的人手夠多，一起做起事來每個人都仔細不馬虎，對人也是親切又隨和。

　　通常雜誌拍攝的藝術指導是工作的統籌，發想創意之後與攝影師、造型、化妝髮型討論，而攝影的部分還有再細分燈光師、螢幕修圖師，連造型師也有兩個助理幫忙準備東西，後來才知道，法國的時尚產業龐大，相關科系的學生需要有實習學分，所以很多助理的工作都是實習生為主。

　　也知道原來他們有專門提供租借的室內攝影棚，而且為數眾多，還有各種空間大小任由廠商或攝影師選擇，攝影棚裡相機、燈具、背板、腳架、電腦一應俱全，還有餐廳供應伙食，每一間攝影棚甚至還有一區專門為工作人員準備的小點心、咖啡、飲料，攝影師、廠商、模特兒、化妝師等相關工作人員只要人到就好！不像在台灣，一個攝影師要養自己的攝影棚、相

機、器材、助理，一個人身兼上下游，忙裡忙外，負擔很重。

　　領略過時尚之都的時尚節奏，我很自豪也很興奮地打電話回家跟爸媽說：「我覺得自己好像有一點小成就，我已經可以把錢還給你了！而且，還能加一點利息補貼你們喔！我真的好開心，我做到了！我會繼續努力的！」而放心讓我去飛的爸媽，也為我的小小成就感到開心與驕傲。

　　最重要的是，這個月我還完成了另一個夢想——

　　離法回台前，我接到一個去香港工作的機會，達成環遊世界的目標，在我自己的夢想清單上打了一個大勾！

　　就這樣，眼界大開的我瘋狂愛上了巴黎，而且還愛上癮了！我愛巴黎生活的愜意、環境的舒適、工作的順利、朋友的幫助……一切的一切，雖然是我 25 年人生中的短短一個月，卻深深地改變了我，不僅使我變得更好，看得更多，聽得更廣，學得更深，還像是蜜蜂遇上花、飛蛾遇上火，就是欲罷不能、不能自拔的天天想著巴黎、念著巴黎、愛著巴黎！

　　謝謝這一個月！謝謝巴黎帶給我所有的一切，這讓我幹勁十足，開心十足，有無比的熱情繼續為下一個夢想努力！

CHAPTER 3

國際模特兒

International model

跟全世界最優秀的模特兒搶機會，
得失心如果太重，很容易想不開，
被內心世界的惡魔附身，
而失去正面光明的正念⋯⋯

@galerieslafayette 巴黎老佛爺百貨

No. 13

重啟試鏡人生

十

就像貓咪跑出門，一去不復返，偶爾才想回家，外面的花花世界看也看不完，曾經放飛的心，當然更收不回來啦！

回家後，我跟朋友們聊巴黎，跟家人們說巴黎，跟大家話巴黎，開口閉口都是巴黎，抱著這樣的「鄉愁」熬了兩個月，再次出發是隔年的 1 月，參加高級訂製服週，這次我決心試試留在巴黎三個月。

E 讓我搬進巴黎公司的模特兒公寓，開始了真正的國際模特兒生活。

回想當初，那時手上拿的是 2G 手機和紙本地圖，身上的3C 產品是當時最新的 Besta 無敵快譯通和 Sony 折疊旋轉相機，試鏡的時候只能靠這些工具看懂前往的地圖，但我已經很感恩了！第一次到巴黎的時候，還沒有電子辭典，只能徒手翻查厚厚的紙本地圖，然後再自己翻譯。

幸好有時候不用查，只要一出地鐵站，就會看到很多又高又漂亮的女生，手上拿著模特兒本子往同一個方向前進，那就是試鏡的地點了！

試鏡，好多；模特兒，好多；她們，好高；她們，好瘦。

遇到時裝週時就是這樣，雖然試鏡時間只有三個小時，地點在 3 樓（台灣的 4 樓），但模特兒可以從 3 樓的門口一直排

到 0 樓的門口，算一算應該都有上百人，我曾經擔心過巴黎老舊建築的樓梯禁不起這上百人的重量，一邊排一邊幻想如果它不幸塌下來會是什麼樣的畫面⋯⋯

接著，幻想的情節越來越誇張，甚至忍不住想：如果這是 200 年前，我一定是後宮佳麗的其中一員，為了爭寵跟幾百位佳麗一起競爭，心裡吶喊著「選我！選我！選我」，只希望皇上能為我著迷；而現在，身在這百位模特兒當中，只希望客戶能為我著迷！

一邊幻想，一邊雀躍著，我可是跟來自世界各地的佳麗們一起競爭呢！

這場時裝秀只需要 25 個模特兒，我算過每個人試鏡的平均時間只有 3 分鐘；如果超過 5 分鐘，代表模特兒有機會試穿設計師的衣服。

終於輪到我了！一走進去，只見一張長桌後面坐著三個人，長桌左邊的服裝區則另外站著一個人。

我戰戰兢兢地拿著自己的作品集，穿著露出長腿的小洋裝，高跟鞋喀啦喀啦地在木板上好像跳著踢踏舞，大方地跟三個試鏡人員打招呼：「Hi, my name is Chin Hsi. Nice to meet you guys.」

十

　　試鏡人員翻了翻我的模特兒本子，隨即就說：「Can you walk please.（請妳走一下台步）」

　　我拿出受訓與走秀的經驗，強而有力地走過試鏡人員的桌前。她們看了看我的資料，互相討論起來，其中一個搖了搖頭，另一個人好像表示可以試試，於是我試穿了衣服、也拍了照片，才被告知請回去等通知。

　　我待在這個房間超過 5 分鐘耶！還試穿了設計師的衣服！

　　雖然這時還不知道結果，結果全權掌握在設計師或試鏡人員的手上，直到接到公司的電話、拿到合作約，一切才有可能成為定局——這就是模特兒的被動人生。

　　而在等待的過程中，心中又開始天人交戰……

　　金惡魔跳出來說：「*妳看！妳永遠都被選擇、被討論、被定義、被決定。*」

　　金天使站出來說：「*但是往往會出現意想不到的驚喜，不是嗎？*」

　　也許就是因為這樣的不確定性，才讓我愛上了這個浪漫的工作。

金禧OS：

法國的時尚優勢可追朔到 17 世紀路易十四的凡爾賽宮廷藝術，當時的歐洲人重視凡爾賽建築的輝煌，欣賞路易十四時期的音樂和時尚，隨著輪船和蒸汽火車的出現，歐洲上層社會的貴婦人前來巴黎購買服裝和帽子等飾物，法國裁縫製作的女裝非常受歡迎。

1868 年，一位叫做沃斯（Charles Frederick Worth）的英國人，在巴黎做裁縫，成立了巴黎服裝公會（syndicale de la couture parisienne），開始推出系列服裝樣式，請來模特兒在自己的裁縫店試穿，這可是當時時裝行業的革命，也形成了模特兒這個行業。以前，裁縫按照貴婦人的要求製作衣服；現在，他們可以在系列樣式中選取款式；於是，沃斯被尊為「高級訂製時裝」之父。卡洛姐妹、保羅普瓦萊、浪凡、香奈兒、迪奧等也開始採用沃斯的服裝樣式系列發表。之後，在聖羅蘭和卡丹等人的努力下，法國時裝逐漸國際化，而巴黎一直是人們心目中的時裝之都。

巴黎時裝週誕生了最早的時裝秀以及最優秀的時裝設計師，目前只有在二戰期間中斷過，層出不窮的天才設計師，牢牢吸引著媒體和賣家前來，具有不可撼動的重要時裝週之地位。

每年時裝週，各大設計師無不精挑細選模特兒，穿著系列作品上台走秀，所以模特兒試鏡多半在秀前一個月就會開始進行。其中，男裝的成衣有 1 月的秋冬、6 月的春夏兩季；女裝的高訂一年也是春夏、秋冬兩季；女裝的成衣分為秋冬、早春、春夏、早秋一年四季，但多半以 2 月與 9 月舉行的為服裝主秀，吸引媒體、買家與客戶在這兩個季節前來看秀。

時間	男／女裝	季節	設計系列
1月	男裝	秋冬	
1～2月	女裝	春夏	高級訂製
2～3月	女裝	秋冬	成衣
5月	女裝	早春	
6月	男裝	春夏	
6～7月	女裝	秋冬	高級訂製
9～10月	女裝	春夏	成衣
12月	女裝	早秋	

跛腳金遇上富永愛

十

　　巴黎的試鏡機會真的好多，go & see、casting、fitting、photographers⋯⋯不管是雜誌編輯、攝影師、設計師，只要他們想看模特兒本人我就要去一趟，最後真的恨不得腳上高跟鞋的高度直接加到我的骨頭裡，就不用穿著它走在巴黎這「美麗」的路上⋯⋯

　　巴黎有名的磚塊路讓我的鞋跟從細跟的開花跟變成跛腳跟，有幾次還因為鞋跟開花、加上地鐵裡的地板很滑，差點就在地鐵裡「滑冰」，幸好總能迅雷不及掩耳地立刻內八止滑，媽祖保佑，還好沒事！要不然穿得這麼漂亮卻仆街，我還要見人嗎我⋯⋯

　　僅管路上危機四伏，愛漂亮的我還是堅持穿著高跟鞋出門，導致常常腳尖、腳背、腳底、腳根、腳神經⋯⋯每個細胞都在痛，為了長高 15 公分成了跛腳金！（後來我才學聰明，懂得先穿球鞋在路上走，到了試鏡地點再換上我的戰鞋）

　　剛好這一週是巴黎高級訂製服秀，雖然因為身高的限制，我的試鏡沒有很多，還是得到香奈兒的青睞，發我去見他們的 casting directeur，我很興奮地進了香奈兒總部，現場依然很多女孩在等待試鏡，輪到我時，果然又被詢問身高。

　　照實回答之後，對方不發一語地繼續看著我的模特兒本

子，我很有自信的開起玩笑：「我不高，但我很棒喔！」

這下把她逗樂了，她說：「現在身高已經不是問題，個人特質比較重要。」

聽到她這麼說，我立刻信心大增，雖然最後還是沒能走這場秀，但我並不氣餒。

「加油！金小禧加油！加油加油加油！」金天使拿著彩球跳大腿舞。

等到秀快開始了，連星期六日也要試鏡，試到 Gavin Rajah 這位設計師時，又被問了一樣的問題。回答完，我得到的回應是：「Oh nonono, you are too small, our clothes is too long.」

正當我失落地笑笑，拿起外套正想離開，其中一位突然開口要我走個台步，我二話不說，很有氣勢地走向他們，突然，現在的氛圍好像有點不同了，接著就請出房間裡的設計師，我走了第二次台步，設計師看完之後立刻問我有沒有經紀人，在他們聯繫的過程裡，我在一旁等著，又是緊張、又是高興，這是不是代表我有秀可以走了？

等待的時候，超級名模富永愛突然從門口走了進來。

「天啊，她好瘦，那兩隻腳跟竹竿沒兩樣，而且臉也太凹

十

了吧！」心裡的金惡魔又現身了。

「*她真的很美，果然是超級名模。*」金天使也跳出來，眼冒愛心。

雖然富永愛跟我一樣也要試鏡，但設計師一看到她，就興奮地上前主動打招呼，請她先稍坐一下，準備進去試穿。

我跟超級名模富永愛坐在一起ㄟ！

雜誌裡的人物，現在就坐在我旁邊，我對她和善地笑了笑，她也和善地對我笑了笑，瞄了一眼我的模特兒本子，對我說：「Can I see your book?」

「Oh ya! Of cause! It's my pleasure.」無比榮幸能讓她欣賞我的作品。

「It's nice book. Good job!」

「Thank you, I'm so happy to hear you say that.」真心謝謝她的讚美，正想再跟她說我是看她的照片長大時，設計師助理前來請她進去試衣。

好開心能跟富永愛聊天，希望有機會能跟她一起同台作秀！

沒想到，我真的接到經紀人的電話──我接到這一場秀了！

「天啊！我要跟富永愛一起走秀了？這不是真的吧？」金天使開心死了，大聲唱著「*旋轉、跳躍、我閉著眼～*」

「不要高興得太早，一切都還有變數，還沒簽到工作簽單之前都很難説……」金惡魔嘖嘖出聲打擊士氣。

　　「老天保祐！」我在心中不斷祈禱各界神明靈力，拜託成全我吧！

第一場巴黎高級訂製服秀

＋

走秀前一天，我很緊張，一直不斷問 E：

「這真的確定了吧？」

「我們真的簽了工作單嗎？」

「我真的在名單裡嗎？」

嘴上說著不在意，其實心裡的擔心爆棚，忐忑又不安，直到接到要我去拿入場證的電話，一顆心才真正放鬆，腳步也輕盈起來。

這是我的第一場巴黎高級訂製服秀！

Call time 12:00，秀場在飯店裡，是 Haute couture 第三天的秀，很多模特兒都在趕場，我想應該也包括富永愛吧！因為到場的模特兒不多，化妝時，旁邊的攝影師一直拍我，拍得我有點不好意思，髮型師還誤以為我是富永愛，原本用好的髮型又換成別的，真是好氣又好笑，我想外國人一定分不清楚誰是誰，認為亞洲人長得都一樣！

接近 3 點時，來了很多媒體，趕場的模特兒先後也都到場了，其中 fashion TV 一直對著我拍，不知因為我是新面孔，還是長得真的像富永愛？

彩排 piece of cake ！正式來時就出錯，我竟然沒有停在定點，就這麼一直走一直走……因為太緊張，不知道自己在做什

麼，但我還是鎮定地把它走完，最後台下響起拍手聲，可見這件衣服真的很美。

回家看 fashion TV，看到自己出現在剪接好的畫面裡，真的覺得自己好像小朋友，因為每個模特兒跟我相比都顯得好高，每個都 180 以上——

金惡魔跳出來潑冷水：「*妳既沒人家高，又沒人家瘦，妳到底在這裡做什麼？妳應該找別的工作，世界這麼大，一定還有別的事可以做！*」

金天使立刻出來還擊打氣：「*不不不，妳有妳個人的特質，不要擔心，只要加油一定會闖出自己的一片天，別管其他人，相信自己！*」

就這樣，我內心的交戰告訴我：加油！不要放棄，堅持到底就是勝利！

No. 16

最難忘的試鏡

十

　　幸運之神像是在我的身邊降臨，給我許多那些我自認為的幸運。

　　我覺得有工作、有機會就是幸運，好與不好、品牌高低好壞評價對我來說根本不重要，我知道自己的身高條件不容許我挑剔別人，但，我不怕，該來的就會來，一切甘之如飴，是你的就是你的，不是你的強求不來，努力工作、待人處事能夠將心比心，才是走得長久的最大關鍵。

　　去 Casting Vogue China 試鏡前，E 跟我說，有可能會需要穿內衣拍攝甚至是什麼都不能穿，我當下的反應是——

　　「好啊。」

　　以前的我，天人交戰的時間需要很久很久；但異鄉的我，竟然可以拋開一切世俗，願為藝術而犧牲，也許是國情不同，也許因為是巴黎，總之我覺得「這又沒什麼」，而且，聽說會由一位很棒的攝影師來拍攝。

　　試鏡時跟攝影師聊天聊得開心，因為是女攝影師，當然更沒問題了，我完全放下防衛，正準備搭地鐵前往下一個試鏡，迎面走進來另一個亞洲面孔的模特兒，又高又瘦，一看就是來參加和我相同的試鏡。

　　金惡魔「滋～滋～滋～」動用了蠟筆小新的動感光波，默

默發功中，金天使立刻一把推開惡魔念頭，為我心理建設：「**模特兒工作就是這樣，不是妳不適合這個工作，而是這個工作不適合妳！是妳的就是妳的，不是妳的就不是妳的……**」（催眠中）

巴黎的競爭非常激烈，我是跟全世界最優秀的模特兒搶機會，得失心如果太重，很容易想不開，被內心世界的惡魔附身，而失去正面光明的正念。有時試鏡時會遇到同一公司的模特兒，雖然是對手，但也會彼此鼓勵，她們常常對我說：

「I'm so worry the clients doesn't like me.（我好擔心客戶會不喜歡我）」

「They will use me or not?（他們會不會用我呢）」

「OMG! I'm too fat! I'm so worry!（天啊，我太胖了，我真的好擔心）」

我的媽啊，她已經瘦到快不成人形了！於是我不斷地安慰她：有自信最重要！雖然這種負面情緒很容易互相影響，但我只能不斷告訴自己，模特兒工作就是這樣，永遠不是你做主，是你的就是你的，機會來臨時就好好把握、好好表現，自信才能戰勝一切！

一個星期之後，我接到了這個工作；但是到達拍攝現場時，

十

我傻眼了！攝氏 5、6 度的巴黎，我必須要泡在水裡拍攝……這試鏡的時候怎麼沒說？

雖然水是溫的，攝影棚的工作人員也貼心地把暖氣開大，但是穿著濕透的春裝泡在水裡兩個整天，還是冷到發抖，加上為了呈現水波自然晃動和花兒因風搖曳的感覺，攝影師 Sophia 還堅持現場要吹電風扇……心中忍不住咒罵，頭髮是濕的，衣服是濕的，身體是濕的，加上換裝的化妝間在遙遠的二樓，要走過一條又長又冷的走廊才能到達，內心的崩潰無人能夠理解。

金惡魔突然跳出來，學著蠟筆小新的動作說道：「**誰叫妳要對另一個模特兒發射動感光波，後悔了吧？**」

金天使立刻拿著彩球跳出來說：「*For Vogue*！**撐下去！國際模特兒金禧加油！**」

「Ok！I love my job!」我唸著電影《穿著 prada 的惡魔》裡的台詞催眠自己。

一邊想放棄模特兒工作，一邊告訴自己這就是模特兒的宿命，冬天拍夏裝，夏天拍冬裝，永遠不知道下一秒面對的挑戰是什麼，一切的苦只能自己吞，在寒冬裡自我催眠「好熱好熱」，在酷夏裡自我催眠「好涼好涼」！

　　但是，看到拍立得呈現出來的效果，心中頓時又滿滿的感動。粉紅色的背景與水的結合，柔美地呈現 fashion & beauty，美得超級夢幻，一切的辛苦瞬間化成泡泡。

　　咬牙堅持了兩天，拍出冰天雪地之下的春光美色，拍攝順利結束；只是，隔天我就感冒了，一路燒到 39 度。

　　光鮮亮麗背後的代價，是身體付出的煎熬，因為身體不適，讓我格外想家，默默流下眼淚。終於體會為夢想打拼的異鄉遊子是多麼的辛苦與孤獨，但是哭完之後，擦乾眼淚，還是只能告訴自己，要快點好起來。

　　自己選的自己受，人生這條路上，再苦都要自己走完！

米蘭式好運

＋

2 月份是巴黎的淡季，因為時尚週的關係。

第一週是 New York，第二週是 London，第三週是 Milan，第四週是 Paris；很多模特兒都是先從紐約開始，於是我跟 E 說想去米蘭試試。

E 為了保護我，只好跟我說米蘭要身高很高的女生，我比較難有機會，但任性的我就是想試試。

「不試怎麼會知道有沒有呢？就像之前如果我沒有來巴黎試試，怎麼會在這裡跟大家一起工作？試了如果沒有，那就算了。」

她們被我的執著給說服了，幫忙安排了五家米蘭公司的面試。前兩家，人都很 nice，說我很漂亮、很可愛，很喜歡我的作品集。

等等……很可愛？

我在台灣從來就不是「可愛」這一掛的，都是超個性、超時尚、太前衛的代表人物之一，他們肯定沒看過真正的可愛吧？也或許這是他們拒絕我的用詞，因為最後他們的確都回絕了，也就是 E 跟我說過的身高問題。

雖說是預料之中，但不死心的意志讓我依然想繼續下一家的面試。

　　中午趁休息時間，請司機載我到大教堂（Duomo）和維托艾曼紐二世拱廊逛逛，他跟我說拱廊裡有個地板的凹洞是 for good luck（轉好運），如果在這凹洞上用腳跟轉兩圈會帶來好運！

　　我開玩笑的說：「今天一早就應該帶我來了啊，我真的很需要好運。」

　　說來真的很神奇，轉好運之後，第三家公司的 B 對我有很大的興趣，直接就說希望我能加入他們，要我別去其他家面試了！

　　L-U-C-K-Y！

　　有機會的話，大家不妨去義大利拱廊轉兩圈，說不定真的會有天上掉下來的好運喔！

十

　　謝謝司機告訴我的轉運祕方，也謝謝自己的執著與不認輸，不讓自己被綁死在世俗既有的框架裡。

　　星期一回到巴黎，星期四又再飛米蘭，這次的工作是一個咖啡廣告，當我的米蘭經紀人看到 reference 時，馬上打電話給巴黎的公司，說他們要的根本就是我。

　　攝影師是個和藹可親的女藝術家，她喜歡拍類似電影的作品，功力已經可以當導演的她，拍攝空檔時最喜歡拿著相機，用 16 連拍的方式拍我說話、拍我頭的擺動，然後用快轉的方式看那些連拍照片，就像快速翻一本畫冊般，呈現出動作連貫的動態畫面；她也很會導戲，拍 video 的部分讓我很容易就進入狀況，也讓我發現原來自己也可以演戲。

　　再次造訪米蘭時，我發現自己現身米蘭街頭！

　　街道上的大幅照片，是上次來米蘭為咖啡廣告工作的成品。一整排的廣告照片在街道上展開，那種感覺好興奮，好想跟路人說：「ㄟ，那是我耶！」

　　開心不已地在米蘭的街上遊蕩，那種雀躍是很想立馬打電話回家跟家人報平安，想大聲的說：「阿母，哇出運啊！哇醒功啊！」同時，也有種說不上來的害羞感。

　　模特兒有很多類型，有時尚尖端走秀臭臉型，也有廣告表

演平易近人型；有環肥燕瘦型，有個性自我型；就像這世界上的人種都不相同，如果都長得一樣，就太無趣了！

而模特兒就是讓設計師、攝影師呈現不同美麗的載具，是表演工作者的一種，讓世界看見更多的面向與豐富的想像空間。

感謝這一路走來的機會與人事物的發生，讓我的大頭在世界的另一端表演著！

金禧OS：

時尚小教室

廣告，從狹義上講是一種市場營銷行為，用於勸說閱聽人，通常以引發產品或服務購買，即商業廣告。另一方面從廣義上認識廣告，它是一切為了溝通信息、促進認識的廣告傳播活動，無論是否具有作用於商業領域，是否將營利作為運作目標，只要具備廣告的基本特徵，都是廣告活動，如為增加政治或意識上的支持，例如競選廣告和公益廣告。每則廣告由訊息與傳遞訊息的媒介構成，僅是全部行銷（即營銷＝市場營銷）策略中的一環，行銷其他方面仍包括宣傳、公關、推銷、競銷等等。

+

米蘭的計程車司機

　　穿梭在歐洲城市間工作，從計程車司機身上看人生百態，是我最大的樂趣。

　　來到米蘭很多次，遇過最可愛的計程車司機，是在機場前往市區、一路塞車的那次，氣血方剛的年輕司機邊開邊「譙」：「給尬臭……媽媽咪呀……給尬臭……」，配上標準的義式雙手包水餃手勢、義式雙手指頭貼合手勢，一路上不斷重複，連後座的我都學會了，跟著司機一起可愛的「給」！

　　朋友警告我：「這是義大利文裡道地的髒話，妳千萬不要學！」但這可是我學會的第一句義大利文，值得紀念，而且刻骨銘心、永生難忘。

　　至於覺得可惡的計程車司機，則是因為某次要趕飛機，請司機幫忙開快一點，結果到達機場時，車資是 16 歐元，我給了他 20 歐元，他竟然不打算找錢給我，還說因為我要他開快一點，所以這 4 歐元是小費！我正打算息事寧人地下車，哪裡知道金惡魔突然現身，對司機撂了一句「給尬臭」，還給了他一個水餃手勢……下一秒，我關上車門，快速逃離現場，趕飛機去！

多學一點在地語言，可以防不時之需，在義大利，一定要懂得適時地「給」一下……

但是最令我印象深刻的，是初到米蘭、人生地不熟時，那位英文說得很溜的計程車司機！因為米蘭當地會講英文的人少之又少，我還記得那位司機大約 50 多歲，年輕時在很多國家旅行，去過印度、德國、亞洲和南非，老了卻只能回到自己的國家開計程車；而他哥哥雖然事業有成，但年紀已大，去不了這麼多國家，於是哥哥羨慕他，他羨慕哥哥。

我問他後不後悔？他只說：「也許我的人生，就是要這樣跑來跑去的才過癮。」

一切都是值得的，一切都不枉此生，這就是人生；選擇不同，收穫就不同，每個人都有權利選擇自己的人生。

一個朋友告訴我：「If you love your life, the life will pay you back.（如果你愛你的人生，你的人生會報答你）」

愛你自己，愛你的人生，選擇自己所愛，選擇自己所想，不要猶豫，Just do it！

Martin Margiela

巴黎處女秀

+

　　巴黎第一季 ready to wear 處女秀，我獻給了 martin margiela，興奮的心情不在話下，得知接到這場秀時，正好結束米蘭的工作，當天飛回巴黎，累得我在接到這通好消息的電話時沒有大聲尖叫！

　　我的 booker —— E 訝異地問：「妳怎麼沒有尖叫？妳應該高興得大叫才對呀！」

　　不得不說，她真的很了解我的個性，我很謝謝她「相信我可以」。後來才發現，原來之前一堆模特兒排隊排了三層樓高的那個試鏡，就是這次這個設計師！

　　超大的 M 字型場地、舞台與後台，說有一個足球場大小還真不為過！現場還有超多身穿白色醫生袍的工作人員，他們是服裝的醫生嗎？好特別！

　　模特兒們三三兩兩圍繞在三明治跟可口可樂區，雖然已經是提倡模特兒不用過瘦的年代，還說什麼要用 BMI18 以上的 model，但是「瘦」依然是這個圈子的王道，偏偏眼前這群每個都是天生麗質，每個都很努力大吃，看得我忍不住也跟著大快朵頤，忽略了她們可能都還是 15、16 歲還在發育的小孩。

　　現場超酷的氛圍，讓我很想拿出相機拍照，但工作人員有規定不能拍，因為工作內容還不能曝光，否則我真的好想跟設

計師合照！神祕低調一直是這個設計師獨特的風格，常常都是把自己隱藏在工作人員之間。

後來跟一個來自中國的工作人員聊天，她說第一季能走到這位設計師的秀是一件很棒的事！

Martin Margiela 來自比利時，1988 年在法國成立時裝品牌，在品牌創立之初便定下一條簡單的著裝準則，所有工作人員統一穿著「白袍」上班，以提高設計團隊全體成員的向心力跟凝聚力，同時也是對舊時 haute couture 工作室的致敬。

這下我總算又長了見識，原來這位設計師不但有名還這麼有風格，真抱歉小女子有眼不識泰山！

我永遠記得，最後謝幕的時候，設計師和全體工作人員一起上台致謝，把所有的功勞都歸功於所有的工作人員。原來，他不但個性低調，還是個好老闆呢！

Jose Castro

秀場直擊

+

　　2 月底開始，陸陸續續的試鏡接踵而來，各家經紀公司都會先寄卡片給設計師或是試鏡團隊，經過設計師與試鏡團隊篩選之後再發 casting，雖然跟 haute-couture 一樣，我的試鏡不是很多，通常一般的模特兒一天會有 9 ～ 10 場試鏡，而我大概只有 5、6 場；加上我又是亞洲人，我的 booker 一直鼓勵我，因為是我的第一季，叫我不要急慢慢來，所以我心裡早已做好準備啦，反正就當這三個月來觀光旅遊、觀摩實習吧！

　　經過不斷的試鏡、不斷的被拒絕、不斷努力的結果，我接到了第二場秀「Jose Castro」。Jose Castro 是西班牙設計師，人很親切也很 nice，曾經跟 Dolce & Gabbana、Alexander McQueen、Givenchy 工作過，他設計的服裝以黑色為主，集黑的華麗、性感、神祕、詭異於一身（www.castroestudio.com），這場秀是他自己個人在巴黎的處女秀，跟我一樣都是第一季！

　　走秀結束之後，一堆記者在後台搶著訪問他，這時我竟然遇到台灣的雜誌編輯！一個人在外打拼時，能見到熟悉的面孔，又是同鄉，內心格外感動。

　　好不容易終於有機會跟設計師聊天，互相寒暄了一下，他說希望下一季還能見到我；我自己也很希望。

　　一股繼續努力的信念，在這個晚上油然而生——

No.18

每天都是新挑戰

十

　　我不敢說「每天」都會有陌生人來跟我聊天，但在巴黎被搭訕到「煩」是真的（好臭屁，但是事實），不管搭地鐵、走路、逛街、散步、吃東西、等紅綠燈、找地圖，都會被問「能不能請妳喝咖啡」、「能不能和妳做朋友」；甚至連在地鐵裡，都有人直接在我面前討論我的長相好東方，用法文說我漂亮（très jolie）……

　　有一次我在找地址，一個男人騎摩托車過來問我需不需要幫忙？還有一個男人想找我拍照，因為他是攝影師，最誇張的一次是，有一個男人問能不能在我身上畫畫，因為他是個藝術家……

　　真的是會被這些法國男人的浪漫給融化掉耶！

　　巴黎真不愧是浪漫最佳的容身之處，我發覺自己在這裡得到好多的愛、好多的關注，讓我深深地自我感覺良好，自信爆棚！

　　最近的一次搭訕，是一個巴黎有名的 movie casting agency，在我排隊等點餐時走過來問我有沒有興趣演電影。

　　哇哦，法國的電影吶！腦中一直不斷的幻想：會是什麼樣的電影？是斷背山那種？還是愛蜜麗？

　　這個人搭訕的技巧也太高超了，竟然用這種方法來吸引我

的注意，「小心被騙」這四個字一直不斷在腦海裡盤旋，朋友說過，巴黎有很多這種搭訕小偷，藉著聊天減低心防時乘機偷東西或騙你的錢，要我千萬小心。

　　只見我雙手緊抱包包，半信半疑地跟他聊天，這位先生一直說他在法國有名的電影公司，哪部國際電影是他試鏡的，那個很有名的法國製片公司是跟他們合作的，只可惜涉世未深的我完全沒聽過這些名字，搞得他完全是在對牛彈琴，加上我防衛心很強，於是很有禮貌地請他跟巴黎的 E 聯絡。

　　沒想到，過沒兩天，E 居然告訴我有這個試鏡，還一直說是個很大的電影公司，還給了我一段台詞叫我回去背。Oh my god！居然是英文台詞！中文台詞我都不見得背得起來了，這簡直就是高難度！只能說，人生處處是挑戰啊！

　　感謝這些挑戰，讓我知道自己的可能性，而我在法國之所以能有很多的工作機會，都是 E 和 Kim 極力推薦認識的朋友、廠商、攝影師，才造就我現在的作品與成就。

　　還記得在拍某個位在凡登廣場上的珠寶廣告時，Kim 嚴肅的告訴我：「今天要忍一忍，會有很多油、也會灑很多亮粉和亮片在妳身上！」

　　我回她：「只要是妳，就算在我身上刺青，我也願意！謝

謝妳一直相信我可以。」

　　她笑著說：「那也是因為妳有努力呀！」

　　我在她臉上法式 bisous 了一下，以表內心感謝之意，她也在我臉上 bisous 了一下，像是在鼓勵我要繼續努力。

　　這也是我深愛法國的原因，謝謝他們的敢愛，敢表達，敢述說，敢追求，於是有了今日的金禧。

　　而我相信，我會越來越棒的！

謝謝一直相信我可以的 Kim

德國一日來回

+

　　以模特兒身分出道那年，我訂下了長期目標跟夢想，其中一個是環遊世界。這幾年來，這一項一直在軌道上進行，能有機會這樣邊玩邊工作，是最難能可貴的經驗！

　　這次接到一個德國的工作，攝影師是之前合作拍 soon magazine 的 Thomas Rusch，工作團隊跟之前差不多，能夠再次合作真的很高興，可惜的是，這是我第一次來到德國漢堡，但除了工作，竟抽不出時間觀光。

　　當國際模特兒其實沒有想像中美好，總有美中不足的地方，經紀公司接到工作後，廠商會幫模特兒購買機票，訂好飯店，通常工作若是一早八點，廠商會在前一晚就讓你飛到工作攝影棚附近的飯店住一個晚上，隔天一早直接前往攝影棚開始工作，工作一結束就直接坐當天最晚的飛機離開，以至於我什麼都沒看到，連德國豬腳都沒吃到，就要離開德國……

　　「*不過，能這樣到處走走，看看不同的機場，也算行百里路啦……*」金天使保持樂觀。

　　「*妳這樣是做心酸的喔！*」金惡魔不虧是惡魔，一語打醒夢中人！

　　這好像跟我的夢想有點不符，雖然「環遊」了世界，但我什麼都沒看到！

不，嚴格來說，這一趟還是有點收穫的，聽說歐洲男人「長相」排行榜上，德國人排名第二耶！這點讓我小小心動了一番，沿路忍不住一直「觀察」，尤其是搭乘飛機時⋯⋯

果然名不虛傳！

我個人認為的那種帥，是帶點書生氣息、飽讀詩書、正派型的，一瞄就瞄到一個戴著眼鏡、五官深邃、斯斯文文，一口流利德文的帥哥，內心世界的我，明明口水直流，又要裝鎮定和矜持，只能不時讓眼光不由自主地飄到他的臉上，啊⋯⋯帥！

接下來又看看一個高高壯壯、長得很像「欲望城市」裡的Mr. Big、穿著卡其色大衣的型男，右手拿著黑色皮箱，左手拿著手機聯絡事情，啊⋯⋯帥！真希望電話另一頭不是他老婆或是女朋友！

金天使跳出來大叫：「*怎麼可以這麼花癡！*」

金惡魔難得跑出來打圓場：「*人都在德國了，就讓眼睛吃點冰淇淋，看點美麗的『風景』吧！*」

就在這樣的天人交戰下，順利結束了德國的工作，也完成了德國的「到此一遊」！

No. 20
倫敦探險記

＋

　　下一個目標：去倫敦！

　　找公司是第一步，於是歐洲之星獨自一人的處女「坐」成就完成！一路上又是緊張，又是興奮；緊張，是因為從來沒去過英國，還是搭法國的火車去英國；興奮，是因為第一次自己一個人去英國。

　　總覺得很佩服自己有這樣的勇氣和膽識，跨出內心深處的障礙和計畫已久的另一步，像是什麼都不怕似的，就算天塌下來、海水倒灌、世界末日或是有可能被偷、被搶、被……

　　「吁吁吁，金惡魔速速退駕！」金天使拿著符咒跟金錢劍出來幫我護航！「妳要說：不管遇到什麼困難，都不能打擊我的決心！」

　　見識到法國的 RER、英國的 eurostar，怎麼上車、怎麼下車、怎麼看地圖、怎麼認路，雖說已不是小朋友了，而且都有勇氣闖盪巴黎了，照理來說，來英國應該不是問題，為什麼有股說不出來的緊張感？

　　我想，我是擔心自己的語言能力！

　　在法國，可以有藉口大家英文一樣爛，甚至自以為英文比他們好；但人在英國，每個人都說英文，就不自覺自卑起來了，加上英國人的腔調，讓我更加緊張，深怕聽不懂。

十

　之前在台灣沒有這樣每天都要說英文的環境，現在才覺得書到用時方恨少，國際共通語言之重要啊！

　果然，到達倫敦後，一上計程車迎面而來的就是挑戰！

　司機：「wherewouwantgo?」

　我：「ah?」

　天啊！怎麼英文字全都黏在一起啊？怎麼跟以前學的英文都不一樣？我想他應該是說「where would you want to go」吧？

　不管了，我決定直接告訴他飯店地址！

　司機：「O right!」

　OMG！這真的很刺激啊，我的英文一直都是美式系統，這英式風格還真是人生頭一遭，看來要把我的耳朵豎起來仔細聆聽了！

　每到一個地方，我都很喜歡跟各地司機聊天，覺得能跟在地人聊一下道地的語言、道地的風景、道地的美食，才能真正體驗「道地的」人文，就像之前在米蘭學到的道地髒話一樣，超級實用！

No. 21

倫敦巧遇志玲姐姐

+

自從金融海嘯席捲倫敦後，至今都還沒好轉，出發前在巴黎換幣時，銀行的櫃員跟我說：「妳運氣很好哦，英磅今天又跌啦！」英磅跟歐元呈現快要 1:1 的狀態，買東西、吃東西都覺得好便宜，星巴克一杯 venti 咖啡在巴黎要 5 歐，這裡只要 3 塊多英磅，感覺賺到！！我真是個自我感覺良好的人！反正快樂是一天，不快樂也是一天，就這樣樂天的態度過生活不是很棒嗎？

倫敦的天氣是出了名的陰雨不停，去倫敦前，一定要先看好氣象，幸運的是，根據預報，這幾天都是放晴的好天氣，而且會有太陽出現！

「怎麼可能？！是因為我這個金天使要現身嗎？」樂天三八甩髮驕傲狀再度出現。

這次是為了拍攝洗髮精平面廣告，因此將整個攝影團隊拉到倫敦，除了有機會跟知名攝影師 Rankin 合作，竟然還巧遇志玲姐姐！我們一起拍攝這次的工作，在異地遇到同鄉朋友們，都覺得格外地親切！

之後還意外地發現倫敦竟然比巴黎還好逛，不知是因為天氣好，買的很開心，還是街上花花綠綠、各種多樣多彩、超有個性的店家，讓我深深地愛上倫敦的 shopping！不管是龐克、

優雅、休閒、浪漫，都可以在倫敦找到，街上又都是年輕可愛的倫敦男孩，或是西裝筆挺像極 007 電影裡詹姆士龐德的英皇紳士，走在路上都格外地賞心悅目。

從 oxford st 的 Topshop 到 Knightbridge 的哈洛德百貨，從 Liverpool st 的 Spitalfields 市集到 Brick lane 市集。真的覺得倫敦多了巴黎沒有的 energy，若真的要比較，就 shopping 來說，我覺得巴黎屬於優雅氣質路線，倫敦屬於搖滾紳士路線；巴黎多半黑白簡單，倫敦則是大膽繽紛；巴黎大名牌很多，倫敦小設計很多。

在 Spitalfields 市集裡，可以看到許多新銳設計師的設計在這裡大放異彩！用樂高做成的耳環、一條拉鍊拉出一個包包、手工羽毛的髮帶、像軍徽一樣的肩上飾品，藝術、設計合為一體，色彩、創意豐富了這個市集。每個攤位都販售設計師最新的 idea，是發揮藝術細胞的最佳舞台。

就樂趣來說，倫敦的街上真的是處處「無奇不有」！像專賣二手物品的 Brick lane 就是一條「超有型」的巷子，充斥各種型男型女，就連警察都有型！

當初跟台灣髮型師 Jslee 約好要來這一區逛逛時，他就跟我說：「要記得打扮得很屌喔！」

十

「為什麼？」

「因為上次我來這裡覺得很沒自信，街上每個人的穿著打扮都超酷！」

果然！這個區域跟東京有得比！

我原本戴著小黑帽，自以為夜上海妝扮，後來在 liverpool 的 spitalfield 市集買了一個紅蝴蝶結手工髮箍，原本不敢戴，因為覺得會太過招搖，結果到了 Brick land 立刻覺得小黑帽太遜，也終於了解朋友說的「沒自信」是怎麼一回事！

戴上小紅的我，終於覺得自己是這條路上的人！

蹲坐在路邊的年輕人，有的是黑人、有的是設計學校的學生，各自販售自己的二手物品，旁邊還放著啤酒罐，像是同樂會一樣，其中那個黑人令我印象深刻，麵條頭、高筒帽、咖啡色大衣，配上巧克力色皮膚，整個絕配！

不得不提的還有龐克女，銀色的頭髮、深紫色的口紅與舌環、鼻環、耳環，身上能穿洞的地方都打了洞，加上黑皮衣、黑皮褲、黑皮靴，把所有的龐克精神都匯集在身上！每個人都有自己的味道、自己的造型，人人都很自由地做自己！

很多觀光客因這兒的型男型女聞名而來，紛紛帶著相機來朝聖，我跟 Jslee 組成的小紅蝴蝶結組，也因此受到相機洗禮，

被很多人狂拍，其中有個還是專門拍 street snaps shot 的網路雜誌。

　　就這樣，我們這兩個小紅應該會被刊登在上面，留下美好的回憶，也讓我們享受做自己的感覺！

No. 22
前進大蘋果

+

「*Other cities always make me mad*
Other places always make me sad
No other city ever made me glad
Except New York
I love New York
I love New York
I love New York」

聽著瑪丹娜唱著「我愛紐約」，是我在飛機上的樂趣，真希望到了紐約之後，真的如同音樂裡的歌詞一樣—— I love New York ～哦耶耶耶～

這是我第一次來紐約，一出 JFK 機場準備坐計程車，一位站在小黃旁邊的中東男子突然出現在我面前，問我是否要坐車？想去哪裡？我問：「是計程車嗎？」他回答：「是！」二話不說直接拿走我的行李，我竟然也傻呼呼地跟著他走……

結果他帶我走向一台雖然算豪華但不知是哪個年份的舊款 BMW 黑色驕車，並不是小黃車。

「我這是特別專人計程車！」

「……」我內心無數個點點點，雖然有點不安，但看他人

好像還不錯，決定就豁出去一次吧！（錯誤示範，千萬不要模仿）

我：「坐去市區多少錢？」

他：「美金 55 元！」

我心想：比一般計程車貴 10 元耶！但既信之則安之，既然是特別專人車，應該可以要求開快一點吧？

沒想到他竟然還加碼：「那要再加 5 元，60 bucks，要不然通常會比較久。」

「有這麼愛錢嗎？這也太現實了吧？虧我還想跟他做朋友，以後可以介紹工作給他……」心裡不斷 OS。

最後，小費我只給了 7 元，這位先生居然不幫我把行李拿下車，還跟我抱怨小費太少！這「特別專人車」服務可真周到啊！

這初體驗讓我學會了紐約的第一課，也是我最後一次坐不是黃色的紐約車，也終於懂得「piss me off」該怎麼用！

難怪朋友跟我說，紐約是個什麼都要錢的城市！吃飯要小費，坐車要小費，買東西另外要計稅，什麼都是錢、錢、錢，而且聽說餐廳裡的 waiter 是沒有薪水的，都是靠客人給的小費維生。

只能說，我還不習慣這城市要錢的方式。

想要在紐約生活，真的要 I love New York ！

＋

雜誌封面人物

　　第一次到紐約，不免要像觀光客一樣「觀光」一下紐約，走在 Times Square 上，除了看到閃爍不停的霓虹燈、大大的麥當勞、M & M 巧克力先生和超大瓶的 Hershey's 之外，讓我最興奮的就是，看到自己的大頭出現在紐約書報攤的雜誌封面上！

　　紅色是我最愛的顏色，看到這本雜誌時又是格外的搶眼，這是巴黎出刊的 soon magazine，是由巴黎及中國攝影師的拍攝作品集結而成的時尚雜誌，是一本高質感的雜誌，回想第一次看到這本雜誌，是在巴黎的 WHSmith。

　　「這是我嗎？」心裡的 OS。

　　怎麼會是水藍色的眼珠，不是吧？但……這明明是我的眼睛、鼻子跟嘴巴啊？而且眉毛一高一低……吼，是我本人沒錯啦！

　　攝影師用電腦修圖把我的眼珠子換成了 geisha，難怪認不出來，美到我好想尖叫！很多看過我的模特兒作品本的人都會說：「妳怎麼每張封面都長不一樣？跟本人差好多！」

　　這句在台灣時聽起來感覺很怪，意思好像是說「妳的粉會不會太厚？照片會不會修太兇？」

但現在我都把這句話當成是褒不是貶，因為來到國外工作後才知道：這樣才好，多變才是模特兒。

　　擁有各種不同的面相，吃得下的工作才多，才能讓人驚豔！

No. 23
踢到紐約鐵板

十

　　除了「失望」，我想沒有別的詞可以形容我在紐約 5 天的心情，去面試了幾家比較大的經紀公司，每個人都說我很棒、很漂亮、很美，只是最後都有一個但書：「很可惜，身高是一個很大的問題。」

　　所以，沒有一家公司願意代表我，加上每一家都在忙 fashion week，面試的時機點真的不對。

　　之前一起在巴黎工作的紐約攝影師 Ron 要我不要氣餒，他告訴我，我是最好的，我是最棒的，希望我下次能再來。

　　另一位待過紐約五年的台灣攝影師 Miing，給我的建議則是：有工作時再來。紐約不像歐洲，比較現實，身高是首要關卡。

　　巴黎的經紀公司也鼓勵我，要就要去好的經紀公司，雖然小公司一定會要我，但工作證一簽都是 2、3 年，不容易換公司，叫我再等等。

　　事實就是事實，我還是我，不過，我不想放棄，正所謂「山不轉路轉，路不轉人轉，人不轉心轉」，我決定⋯⋯

　　先在歐洲轉一轉吧！

　　再度回到巴黎，有種無比的順利感，原本在紐約的飛機時間延誤，卻在巴黎準時到達；原本陰雨的天氣，卻在下飛機後

十

　　雲開霧散，也許是自以為的順利，也許只是巧合，但跟紐約比起來，巴黎像是張開雙臂在迎接我回來。

　　一回來就接到米蘭的工作，又飛去米蘭拍攝廣告。這次一到米蘭機場，司機舉著寫有我名字的立牌來接我，讓我倍覺尊榮，可惜這位司機英文不太流利，任務就只是把我安全送到工作地點，不然以我愛跟當地司機「混熟」的個性，我一定問他一堆問題，比如：你這樣賺得多不多？有接過名模嗎？遇過什麼特別的事？

　　義大利人相較於紐約人，顯得熱情也熱心多了！如果在米蘭的街上找不到計程車招呼站或地鐵站，路人雖然不會說英文，還是很熱心地解釋計程車站和地鐵站怎麼去，就算不知道，也會幫忙詢問路上其他人，大家一起比手劃腳話車站，溫馨又可愛。

　　Ferroli 集團是意大利鍋爐工業的先驅，也是世界最大的供熱設備製造商之一，在世界各地建立了 24 個生產基地和商業機構，銷售遍布全球，並於 2007 年開始製作高質感、高時尚、性感又不失莊重的年曆。

　　這家廠商給工作團隊很大的發揮空間，但是工作之前，按照慣例所有人員都要跟攝影師 Settimio Bened 做好前置的溝

＋

通，因為，照片的好壞就在於團隊之間的溝通與默契，而模特兒的表現更是關鍵，能不能與攝影師擦出專業的火花，創造出完美的照片，是順利完成工作的重心。

也由於廠商很尊重創作者和藝術家的作品，不給過多的限制和意見，讓工作團隊自由發揮，常能創造出不一樣的藝術。

工作環境的不同，看得到不同的工作態度，也成就更棒的工作經驗，這些都是我們值得學習的。

第一桶金

十

有拜，果然有保庇！

感謝主，感謝上帝，感謝瑪麗亞，感謝恩主公，感謝佛主，感謝家人……

我接到 Dior 彩妝廣告了！

得知這個工作的 option 是拍攝 7 天之前，所謂的 option，是指廠商在製作平面廣告或電視廣告前，會準備 2 ～ 3 個模特兒或藝人來做最後決定，看要邀請哪一位來詮釋最新的系列產品，通常會是 3 選 1 或 2 選 1 的機會。

在萬叢模特兒中被選中 option，其實很值得開心的，代表有機會雀屏中選；但也有可能慘遭滑鐵盧，變成砲灰，所以我 5 天前就開始寢食難安，心急如焚之下突然很想去拜拜，求個心安，也求個順利。

於是我就近跑去巴黎馬德蓮教堂，在裡面祈禱著，希望能得到好消息！

不過，沒有看到佛像真的沒有安心的感覺，於是打電話給台灣家人報平安時透露了這個工作的消息，媽媽二話不說馬上跑去恩主宮為我祈福！

說來真的很奇蹟，原本經紀人說廠商要取消這個 option，就在媽媽拜完隔天，又打電話來確定要我拍攝！感謝媽媽，也

謝謝宇宙中的這股神奇力量！

　　模特兒這行真的多多少少要靠一點運氣，雖說這個被動的工作，我們沒有所謂的決定權，是你的就是你的，但我還是相信運氣很重要，有拜有保庇啦！

　　機不可失，每個人斤兩多重，有沒有內涵、氣質氣勢、各方條件、自信能力，都是在機會來臨時該表現出來的，謝謝Dior給我這麼棒的機會！

　　工作的同時，廠商不希望我們拍攝，因為他們很在乎著作權與商業機密，還沒上市的彩妝甚至是照片、服裝和工作現場都不能曝光，我手上之所以有這些珍貴的照片，是因為主動提前告知我有在寫部落格，並且保證一定會等工作照片發行後再曝光，他們才同意我繼續拍攝。

　　當你尊重別人時，別人一定也會尊重妳，我認為這才是工作最正確的態度。

　　能跟這樣的團隊一起工作，真的是我的榮幸！

　　因為Dior，我擁有了人生中的第一桶金！能靠自己的努力賺錢，我為自己感到驕傲，也很謝謝家人朋友的支持與祝福，以及幫助我集氣的一切人事物！

　　夢想，雖然只是一個尚未成形的想法，但只要有實質的行

十

動力去執行，全宇宙都會聯合起來幫助妳！

　　我總是很感謝這些神奇的幸運力，推我一把，讓我在自己的夢想清單上打了一個大勾。

No. 25

法國萬萬稅

+

　　等等！不是滿滿一桶金嗎？怎麼收到時少了七成？！

　　天真地以為「一桶金」會直接匯好匯滿我的銀行帳戶，我真是太單「蠢」了！

　　法國的稅務實在高得驚人，一般在法國工作受僱的員工，最後進口袋的收入大概是帳面上的 75%，其中 20 ～ 25% 須支付保險稅務（健康保險、老人年金、失業救濟金）；但模特兒屬於特約人員，不是僱用員工，所以必須幫經紀公司繳交 20% 的自僱者稅務，另外支付經紀公司 20% 的佣金，若再加上 20 ～ 25% 的保險稅務，最後進我們口袋的，只剩下不到 30%。

　　而這 30%，還要扣掉經紀公司幫忙我們的所有開銷，包括安排接送、機票訂購、模特兒作品本製作、模特兒公寓費用……等等，才是我真正的收入。

　　法國的生活費高，這樣「不切實際」的所得實在是不夠用啊！若想餐餐都在餐廳吃飯，一個人一餐 25 ～ 30 歐元跑不掉，普通一點的也要 15 ～ 20 歐元，一個月下來伙食費就要 2250 ～ 2700 歐元，這也是很多法國家庭平常都在家下廚、很少上餐廳吃飯的原因！

　　金惡魔憤怒得差點砸了經紀公司，金天使連忙拉住她：「*既*

然在異鄉打拼，就要跟隨他們的遊戲規則！」

金惡魔嘆口氣，摸摸鼻子接受了這一切，沒想到金天使又說：*「還有得拿不錯了！但別忘了之後還要報稅喔！」*

金惡魔又「牙」起來：*「什麼！還要報稅？！」*

金天使眨眨眼：*「遊戲規則呀！」*

金惡魔氣急敗壞地跳腳：*「什麼爛遊戲！」*

金天使拍拍她的肩：*「妳要慶幸自己還有資格繳稅！」*

但，這一切的不平，都在看到自己的臉出現在凡登廣場 Alexandre Reza 的櫥窗裡，默默地平息了！

好想在店門口跳舞，跟每個路人說：「C'est moi ！ C'est moi ！（那是我！那是我！）」但為了要跟高尚優雅的品牌珠寶相輝映，我只能暗暗高興到內傷，優雅地拍照留念。

能來到巴黎這個時尚之都工作，不知是多少女生的夢寐以求，從台灣到巴黎，巴黎到米蘭，米蘭到倫敦，倫敦到紐約……一路上要謝的人太多了，雖說還要再努力，但這些努力都是值得的！

有夢最美！但如果不去實行，一切都只是白日夢而已。

這組照片在凡登廣場上擺放了 6 個月之久，跟自己的大頭合照留念，對我來說，就是這個城市裡最美的風景。

再度跟自己合照
我很開心

Limi feu

秀場直擊

✝

　　Yohji Yamamoto 的女兒 Limi Yamamoto，在巴黎的第一場服裝秀，個性開演！

　　Limi Feu 中的「Feu」=「fire」，意思是 There's a lot of fight in Limi！

　　去 fitting 時，就可以感覺得出來那種 fighting，當設計師整理衣服時，所有的工作人員都會用跑的方式去看設計師怎麼整理衣服、怎麼穿衣服，每個人都戰戰兢兢，深怕一個不小心把衣服穿錯，深怕一個不注意用錯了細節。果真很日本，非常嚴謹的工作方式。

　　不對稱、黑白線條、高筒女巫帽、個性平底皮靴、超寬板長褲，承傳的 DNA 裡有種年輕而又叛逆的變化，那多層次、變化多端的穿法，不得不讓工作人員張大雙眼仔細觀察，記下每個細節、每個穿法。簡單、頹廢、個性，完全述說了設計師想要呈現的風格！

　　下午 1 點的 call time，每個人都準時到達，在場的模特兒全部都是亞洲人，其中 80% 是日本人，有幸能遇見日本的 Rila、Sachi，韓國的 Daul Kim，並且一起工作，她們每個都是個性十足的 model，大家唯一的共通語言是日文或英文，閒話家常成了殺時間的共同運動，也成了後台的唯一景象。

No. 26

時尚歷史課 Show room

+

　　在巴黎要看懂、聽懂電視頻道，對我這法文幼稚園咿咿啊啊程度的人來說是件很吃力的事，更何況是看 Art history，但 fashion history 這話題是吸引我注意的。

　　就算聽不懂，就算看不懂，也努力去看，去聽，去懂。

　　19 世紀末的巴黎，是第一個設計師品牌誕生的開始。雖說主要市場在巴黎，但創辦人卻是英國的沃斯（Charles Frederick Worth），在他之前，裁縫師不會創造風格或是自己的意見，都是那些富有的客戶在某場合上看到好看的衣服，請人畫圖再請裁縫師依樣畫葫蘆的做出一件，客人可以自己選擇布料、顏色，且服裝是圍在他們身邊打造出來的。

　　這位沃斯是第一個將自己的穿著品味加在客戶身上的「設計師」；而那些設計圖就是雜誌的開始。

　　這位行銷高手，也是第一個邀請富有的客戶來觀看服裝秀，請來年輕漂亮的女孩穿上他所設計的衣服，秀給客戶看的設計師！也多虧有他，「時裝模特兒」這個行業才因此誕生。之後的服裝設計師延用了他的行銷模式，演變成至今的服裝秀。

　　而什麼是 show room ？跟 C 品牌和 L 品牌工作之後我才知道，原來 show room 是這麼一回事！

　　秀場上，設計師們秀出每季最新的 collection，但那些只是冰山一角，其他沒有秀出來的，就會在 show room 上出現，時裝模特兒們在歷史重演之下，必需穿上一件件衣服給富有的客戶看，任君挑選。

　　那些富有的客戶，其實都是來自世界各地的 buyer，專門買賣服飾、包包跟飾品，有的是精品店，專門到各大品牌採購最新一季的貨品，有的是直營門市，挑選適合不同地區的服飾，我就曾遇到代表台灣的經銷。

　　能在外地遇到自家人，又能跟他們一起工作，那感覺真的很棒！

No. 27

無緣的 H&M 廣告

+

「神啊,我現在跟你禱告,希望你能聽到我的聲音!」

這是我在巴黎大大小小的教堂裡跟神的溝通,馬德蓮、聖心堂、聖杰曼、聖母院……總之能朝「聖」的都去了,就是希望會有那一絲絲希望!

懊惱、悔恨、捶胸、跺腳,這些都不足以說明我的失望。

為什麼!為什麼我的 booker 沒有告訴我這工作要去倫敦拍攝?為什麼試鏡時沒有人問我有沒有英國簽證?

都這麼努力去巴黎試鏡了,也努力達到他們的要求,卻在開拍前一個星期才說要去倫敦……天啊,我的英國簽證剛好過期,要在兩三天內重新申請英國簽證,根本是 mission impossible!更何況,我人在巴黎啊……

H&M 的 TVC 這樣難得的工作,這樣難得的機會,卻因為英國簽證的關係,而把這到手的機會拱手讓人,真的很難甘心,就連廠商都說很希望跟我工作,只要一有簽證就可以過去!

親自去到位於巴黎的英國大使館簽證處,半哀求半哭訴地跟對方說我真的急需這份簽證,結果申請處只跟我說:「That's impossible.」

我急哭了:「我可以給你 1000 歐,請你馬上給我簽證!」

他們只搖搖頭:「錢不是問題,問題是,只有親友在那兒

過世，才能申請『緊急簽證』，而且要有證明！」

　　就這樣，我無語問蒼天，只能認了！

　　「*得失心不要太重！不是你的強求不來的！*」金天使一直不斷安慰我們。

　　「*我不能接受！*」金惡魔卻躺在血泊中，抓著刺穿自己的利刃，不斷哭泣。

　　「*上帝關上這一扇門，一定會再幫你開另一扇窗的！*」金天使散發無比聖潔光環。

　　「*我才不信！*」金惡魔活像 4 歲小孩耍賴不依。

　　過沒幾個月，新聞傳來一個消息：自 2009 年 3 月 3 日起持台灣護照去英國旅遊可以免簽證。晴天一個霹靂，不偏不倚擊中我的大腦！

　　金惡魔又開始怨天怨地：「*這扇窗為什麼不早點開呀！*」

　　金天使戴著香奈兒鍊條眼鏡，身穿香奈兒套裝，手拿法國條款站出來：「*但這只能去旅遊，不能去工作，工作是需要工作簽證的喔！*」

　　金惡魔再度被理智的金天使甩了一巴掌，消失得魂飛魄散。

金禧OS：

國際模特兒最困難的事

如果你問我，當國際模特兒最困難的是什麼？我一定會馬上大聲尖叫：「Visa！Visa！Visa！」因為很重要，所以要說三次！

說真的，除了邦交國之外，不管去哪一國工作都要申請 Visa，我當然知道台灣的外交部正在一步一步努力中，從香港的持台胞證 7 天之內免簽證，到最近的英國觀光免簽證，但時常還是覺得人生好難啊！

舉個例子，之前好不容易在法國申請到 carte de sejour，只要是歐盟內的 27 個成員國家都能進入，結果很不巧地是要去東歐的克羅埃西亞（Croatia），這個美麗的小國是位於歐洲東南部的共和國，處於地中海及巴爾幹半島潘諾尼亞平原的交界處，在 1991 年從南斯拉夫社會主義聯邦共和國宣佈獨立，目前只是歐盟候選國之一……

出發前跟巴黎公司 checked，booker 說克羅埃西亞是歐盟國家之一，看來連法國人都搞不清楚，但這個模糊地帶對他們來說可能不是問題，但對台灣人來說問題可大了！打電話問台灣的旅行社，簽證最快也要 20 天才會下來，急不得也催不得。

另外還有一個方法，就是回巴黎的克羅埃西亞領事館申請簽證，如果順利的話，當天就能申請得到。當時人在香港的我正計畫要飛回巴黎的克國大使館辦簽證，結果有小道消息指出，可以去北京辦理——沒想到第一次去北京會是這樣的原因，遇到克羅埃西亞大使的熱情招待，給了我好多克羅埃西亞的資料、地圖、DVD、紀念品，讓我對克羅埃西亞這個國家有種特別的感情！

天將降大任於斯人也，必先苦其心志，勞其筋骨，Visa 可能就是身為國際模特兒的小小磨練！

國際模特兒這個行業是孤單的，雖然常常可以旅行，但多半都是自己一個人旅行，就像一場屬於自己的冒險！不過，那一步跨出去之後，你會發現，旅行真的可以讓人成長，看遍各種人事物，學習不同文化，視角越來越多元，視野越來越廣，最後覺得，原來人真的很渺小，這世界竟是這麼大！

No. 28

再次勇闖大蘋果

十

永不放棄，對固執的我來說，真不知是個優點還是缺點。但也因為自己立定的目標尚未完成，讓我一直有向前走的動力！

國父革命十次才成功，更何況紐約我只試過一次而已，在自己訂定的時間還沒到之前，是不能輕易說放棄的，也因為如此，我再給自己一次的機會，再去紐約試試！

「亞洲模特兒要在紐約找經紀公司？很容易啊！」一個住在紐約的朋友這樣鼓勵我

是啊！當然，經紀公司這麼多，有什麼好擔心的！

但，要找個好的經紀公司，就沒這麼容易啦！除非我腿長到 45 吋，身高長到 180 公分，每個經紀公司一定搶著要。

坐在前往紐約的飛機上，提心吊膽地擔心這次的旅行能不能成功？

不管三七二十一，不想想這麼多了，我還是一樣，帶著我的自信，帶著我的勇氣，打開每一間經紀公司的大門，告訴他們，我來自台灣，來闖蕩這時尚江湖！

東奔西跑，是我這五天的心情，但愉悅依然在我心裡跳動著，從來沒這麼快樂，也從來沒這麼大膽，衝動地說走就走！

人生苦短，及時行樂、及時行動是最快樂的，享受人生的每時每刻，不管有沒有結果，只要享受過程與當下！

　　所以這次有沒有結果都沒關係，就好好享受這幾天的紐約吧！至少試過了！至少跑過了！至少沒有對不起自己！

　　最後，果然皇天不負苦心人，在 C 公司認識了 L，她覺得我可以在紐約工作，而且一定會有一番作為！我很開心聽到她這麼說，一種英雌惜英雌的感覺，雖然為了能合法地工作，我必須先離開紐約，等申請到工作簽證之後再來，但這次能有這樣的好消息，真的很振奮人心。

　　這次來紐約還看到自己在巴黎拍攝的服裝品牌廣告出現在紐約電話亭上，心裡既興奮又開心，立刻拍下自己的街頭照片傳給媽媽，還開心地打上一句「阿母，黑是我黑是我歐！」也報告一下我的國際成績單！

　　踢破鐵板成功！金天使、金惡魔含淚擁抱，一起為我鼓掌歡呼著！

No. 29
紐約模特兒秘密

＋

　　期待且計畫已久的紐約行，終於成行！尖笑、狂笑、傻笑、大笑，在得到通知之後就從沒停過，在 2008 年全球不景氣之下，要有工作根本是難上加難！原以為是該放棄的時候，原以為不抱任何希望，結果天外飛來一個好消息，要我去西雅圖工作，並且希望我能先到紐約。

　　瘋狂唱著東方不敗的經典名曲：「快樂得不得了～快樂得不得了～白雲飄啊～綠水遙～」，但又不敢太興奮，因為還沒有完全確定，很怕希望會落空，真的差點要內傷！直到聽到紐約的 booker 說出「廠商幫你訂好機票了」這個關鍵句，二話不說，馬上收拾行李，準備出走！

　　巴黎到紐約 6 個小時，紐約到西雅圖 6 個小時，公司精心安排了司機機場接送，開心之餘跟司機不斷地聊天，竟不小心得知他所謂的「如何在紐約成功大祕訣」！

　　司機：「What are you doing in New York?（你來紐約做什麼？）」

　　我：「Modeling.（模特兒）」因為飛行太累的關係很酷地回。

　　司機：「Oh! Cool, so I need to teach you one thing.（哇，酷！那我要來教你一點）」

我：「Like what?（像是？）」

司機：「You need to open your mind, There have a lot of top model they sleep with a lot of photographers and editors to get the chance.（你要試著打開你的心房，有很多有名的模特兒為了取得機會，跟很多攝影師、編輯上床）」

我壓抑的問：「Oh my god! Really? How do you know that?（我的天啊！你怎麼知道的？）」

司機：「I was a photographer, I know a lot of secret about the modeling.（我之前是攝影師，我知道很多模特兒的祕密）」

「Really? Tell me more！」好奇的我想知道多一點。

「I was a photographer, did a lot of magazine and catalog, know a lot of people, I can choose the model what I want.（我之前是攝影師，拍過很多雜誌和目錄，認識很多人，我可以選擇我要的模特兒）」

「So it's mean they "do" something for you?（意思是說，她們為你「做」一些事情嗎？）」我訝異的問。

「Yes.」他自信滿滿的回答。

「Oh my god ！ I want to go back to Paris.」嚇得我想回巴黎了！

十

「I mean, you need to hold the chance, if you can get that, why not?（我的意思是，你要抓住機會，如果你可以得到的話，為什麼不？）」

我不想相信他：「But I thought this kind of "deal" was thousand years ago, I heard about that before.（我以為這種「交易」是幾千年以前的事，我之前聽說過）」

「It's still have.（這依然存在）」

「So how many girls did u sleep already?（你睡過多少女孩）」我毫不客氣地問，看他多會掰！

「I didn't account it.（我沒算過）」他回得傲嬌！

哈！我心裡 OS：我聽你在亂掰！而且，他睡過的應該都成不了名模吧！

我接著又問：「So why you finished the photograph?」

「Oh, because the market changed, the business not like before……（哦，因為市場變化啦，生意不如以往）」吧啦吧啦隨他說，如果真的有本事，又怎會放棄攝影師這麼「好」的工作！

他接著又說：「New York is a sex city, just open your mind, don't be afraid, you will learn it and get it.（紐約是一個性城市，

只要你打開心胸，不要害怕，你會學習並且得到它）」

「Oh really? so it's mean I need to open my mind, open my lags, and open my mouth？（哦，真的嗎？所以我要打開我的心胸，打開我的雙腿和打開我的嘴）」我開玩笑地回敬。

「Hahaha, you learned very fast！If you open your mind, you can call me.（哈哈哈，你學得很快哦！如果你打開你的心胸，可以打給我）」司機開懷大笑，而我只能傻笑閃過這個話題。

下車時，司機遞了張名片給我，摳了摳我的手心說：「I wait you open your mind.（等你打開心胸）」

噁心！雖然我看過 sex and the city，但也不至於真的成為戲裡的莎曼莎吧？而且，我為什麼要聽一個司機說模特兒的故事？難不成模特兒在紐約一定要兼當高級妓女？模特兒也是人，只是長得漂亮一點，憑什麼被冠上這種「頭銜」？

那時的我，還沒發現「紐約世界」的黑暗面，不過很快地，我就在一次試鏡時無意間驗證了！

某天下午 3 點半，在紐約 Macy's 附近試鏡，跟攝影師聊得很開心。我們互相欣賞對方的作品集，聊了很多的藝術跟想法，最後聊到剛到紐約時被一個司機「特別指導」，我問他，紐約真的是「性」城市嗎？

十

　他聽了之後，摸摸我的頭髮和下巴，說：「Baby, all depends on you!（寶貝，一切決定在你）」

　聽到這句，再加上他的行為，讓我很想倒退三步，大聲尖叫：「不要碰我！」但是基於禮貌，也有可能他只是表現外國人的國際禮儀，我不能反應太過激烈。

　沒想到他竟接著說：「You can see all of the pictures, they are telling about beauty and sex, don't u think so?（你看所有的照片都在傳達著美與性，你不覺得嗎？）」

　「Really? for me, it's just a job, and it's beauty.（是嗎？對我而言，這是個工作，也是種美）」我心想：狗屁啦！我只覺得這是我的工作！而且，我尊重我的工作。

　他翻著另一本雜誌，又說：「Art and sex is connected, you will see. And model is just a actor which don't need to talk.（藝術跟性是有關聯的，而模特兒只是個不用說話的演員）」

　「模特兒是不用說話的演員」這點我很認同，但我決定找藉口開溜！

　「Wow, I see, it's really hard to be a model, but I have another casting need to go, it's really nice to talk to you, bye.（哇哦，我知道了，要當一個模特兒真的很難，但我還有另一個試鏡要去，

很高興跟你談話，再見）」

　　事後，經紀公司告訴我，我得到了這個工作，但因為其他的工作 cover 掉了！

　　呼～好險！

　　我真的很不想面對那個攝影師，也不敢跟他一起工作，否則不知道會不會又被上下其手，當然也不敢再隨便跟別人討論這個問題，以免被誤會以為是我想要╳╳╳之類的！

　　若要說這些「交易」是否真的存在，我只能說，真的是你 Deal or Not Deal！是要當一個只能看不能吃的食物模型，還是一塊人人都能染指的鮮奶油蛋糕？

　　It's up to you！所有的決定都在於你自己，重點是，要當個聰明的女孩！

No. 30

模特兒公寓爭霸戰

十

　　如果看過 American Next top model 的節目，就知道「模特兒公寓」的精采，尤其是有一個賤女人住在公寓裡，吵架的場面一定是時時開演、場場精采！

　　表面上沒有交集，但私底下，A 拿了 B 的鞋，C 的衣服不見了，D 的牙膏被用光，E 的食物被吃完，F 的衛生習慣很差，G 的打呼聲很大……都是模特兒公寓的日常，只要住在同一個屋簷下，一定會有室友的問題！

　　紐約的房價跟巴黎比起來，足足貴了一倍多，若短期之內找不到住的地方，模特兒公寓一個床位一晚 50 美金，看起來是最好的解決方法，至於遇到可怕室友的風險，就看妳運氣好不好囉！

　　不想再住模特兒公寓的我，從紐約之後就選擇自己一個人住，只是，巴黎一間 6、7 坪的套房，便宜點的一個月要 7、8 百歐元，長期下來花費不少，加上常常旅行，也不適合自己一個人承擔，最後選擇搬到朋友家，雖然省錢，但其實這也是一間「模特兒公寓」啊！因為住的朋友們都是模特兒。

　　那有沒有賤女人住在這裡呢？

　　有哦！而且，是在 A N T M 節目裡看不到的，比節目還精采百萬倍！為什麼？因為我住在裡面啊！親身經歷比節目效

果更有效果。

　　巴黎公寓隔音效果差，不管白天或晚上都可以聽到隔壁小孩的哭鬧聲，就知道有多「強」了。我房間對面住著 Ms 賤，房間右邊是廁所跟浴室，基本上只要有人去上廁所、洗澡，都會聽到聲音，我個人是認為不至於大聲到不能睡覺，沒想到搬過去沒幾天，Ms 賤就跟我說，她是那種有聲音就睡不著的人。

　　我回她：「I'm so sad for u！（我真為你感到悲哀）」其實搬來之前早耳聞她是多麼難相處的人，所以我心想：這是在下馬威的意思？

　　過沒幾天，幾個朋友到公寓吃飯聊天，約好一起在家看電影，結果晚上 9 點多，她就從房間裡走出來說：「晚安，我要睡覺了。」

　　我們立刻把音量調小，結果不到 10 分鐘，她又氣沖沖地走出來說：「我要睡覺了！你們可以小聲點嗎？」回去時還重重地把房門「碰」地一聲關上，好沒禮貌！

　　看情況不對，我們決定散會！

　　而從來不整理公寓的她，只要她出國工作，公寓都很乾淨，但只要她回來，公寓就開始髒亂，用過的鍋碗積到兩三天才洗，桌子用過也不擦，浴室的東西亂丟、衣服亂放，客廳到

處都是她的東西，但我不想吵架，只用我的東西，用完就洗好或收好，盡量做好自己的本分。

忍了很久，結果唯一一次的導火線，還是爆發了大爭吵！

每天要洗澡，都要看她睡了沒，怕會吵到她，能不能洗頭也要看有沒有超過晚上 10 點，要不然不能用吹風機；某次要去倫敦工作的前一個晚上，我 10 點多才回家，看大家還沒睡，我很高興的說：「太好了！你們還沒睡，我要洗頭，明天要去倫敦工作。」

Ms 賤竟然說：「妳不能明天洗嗎？我等一下就要睡了。」

我：「我明天要趕火車。」我心裡好氣，不是說等一下才要睡嗎？

Ms 賤：「妳明天幾點？」

我：「8 點。」

Ms 賤：「妳明天可以 7 點起來洗吧！」

氣得我理都不想理她，就直接衝進浴室開始洗頭！

工作幾天後回到巴黎，快十二點才回到公寓，見大家還沒睡，我興匆匆地想分享這次的工作和旅遊，沒想到她卻走過來說：「我明天要工作，今天要早點睡，你們可不可以快去洗澡？否則會很大聲，我會睡不著！」

十

聽到那「命令式」的口氣，我整個火都上來了，直接回嘴：「可不可以請你不要用那樣的語氣命令別人？這樣很不尊重別人。」

她也不客氣地回：「那請妳也尊重我吧！洗澡的時間注意一下。」

我氣到大罵：「妳又還沒睡，注意什麼啊！我也有付房租，也是住在這裡，我想什麼時候洗就什麼時候洗，妳怕吵就去買耳塞啊！」

她也嗆我：「如果妳不高興就搬出去啊！」

我超大聲回嗆：「為什麼不是妳搬？妳之前就應該搬出去的！」（PS. 公寓是她男友 B 先生的，之前她跟男友吵架吵到要搬出去，我們大家都立刻拍手）

她說：「因為我男友在這裡！」

「感謝主！你們又合好了！」我諷刺地說，因為他們常常在吵分手。

隔天一大早，她故意走路走得很大聲，用廚房用得很大聲，動作很大，關門用力，故意想把我們吵醒。

我受不了，直接大罵：「謝謝妳，賤女人！」

一直到現在想來還是很生氣，還好可以寫出來發洩一下！

十

　　之後，我沒再跟 Ms 賤說過話，全心全意在網路上找新公寓，就算付再多錢我也要馬上搬出去！

　　當天晚上，我跟另一個室友聊到想快點找到房子搬出去，沒想到她已經找到新公寓了！

　　晴天一個霹靂，我們兩個可是互相抱怨 Ms 賤的好夥伴，她等於是我的救命恩人、守護天使，她走了我怎麼辦？

　　「我真的受不了這樣的生活品質，雖說我跟 B 先生是好朋友，也跟 B 先生反應過很多次，但只要 Ms 賤在的一天，我就沒辦法住下去！」她也很氣。

　　「帶我走啦～」聽到她下個月就要搬出去，我大哭。

　　結果，知道我們都要搬出去，B 先生跟 Ms 賤說，如果大家都搬出去了，她必須負擔我們的房租。於是 Ms 賤馬上來跟我說：「對不起，都是我的錯，請妳不要搬走，至少不要現在。」

　　咦？這是認錯嗎？什麼叫作「至少不要現在」？我要什麼時候搬是我的事耶！

　　所以最後的最後，她還是再一次「命令」了我們……

No. 31

去 LA 當明星

十

　　當時金融風暴發生在世界各地，經濟不景氣下每個人都關心的問我：「你在國外還好吧？」、「生存得了嗎？」、「有沒有飯吃啊？」

　　Thanks God！感謝老天爺！人各有命，富貴在天！好像景氣越是不好，廣告就打得越凶，而為了刺激消費者購物，廣告就是要能夠觸動人心！像不常吃洋芋片且怕胖的我，好幾次因為廣告而誘發嘴饞，且在毫無罪惡感之下買了好幾包回家！可見屬告的廣告不但魅力強大，還能戰勝加麻醉內心深處的良知！

　　而努力試鏡、努力表現、用心工作，路自然會為你而開，機會選擇了你，是任誰推也推不開，搶也搶不走的。也謝謝許多人的幫助與鼓勵，讓我能繼續堅持下去，繼續這樣跑跑跑。

　　很高興這次能跟許多國際級的工作人員一起拍攝洗髮精的廣告，也好開心要飛去 LA 五天的時間跟好萊塢級的製作公司合作！

　　「瞬間覺得自己跟好萊塢好近，走紅地毯的機會變得更近了！距離把手印在地磚上的機會更是近在咫尺呀！而且，我應該很快就會被邀請去 Chinese Theatre 了吧！什麼？下一檔戲要跟基努李維對戲？還要跟強尼戴普演海盜，出席奧斯

十

卡獎？！」金惡魔實在是太會幻想了！蹲在我的腦海裡假裝跟不知哪來的 LA 戲劇經紀人談著新合作，到底哪裡來的自信心？！

「*妳只是去拍廣告而已好嗎？小姐！*」金天使兩手一攤，白眼看著金惡魔，冷淡地出聲。

「*吼，幻想一下又不用錢，掃興鬼！*」金惡魔無趣地離開。

下榻在製作單位精心準備的飯店，跟模特兒公寓比起來，真希望能夠一直待在這裡，永遠不要離開！

隔天一早跟來自香港的廣告公司、來自倫敦的導演、法國的攝影師、專業的髮型師、化妝師、造型師，國際的大家互相介紹彼此、互相認識，一起融洽的相處接下來要一起工作的幾天，工作態度在這個時候就要表現出來，因為大家彼此不認識，要能馬上熱絡馬上工作，對個性大刺刺的我來說從來就不是什麼問題，還愛跟大夥開玩笑，也許我是害怕尷尬的氣氛，常常對於工作安靜的現場有種恐懼，所以一直覺得歡樂才是最開心的事！

就像導演在喊 5、4、3、2、Action 時，我都會特別地緊張，還跟導演撒嬌說：「可不可以用輕音說 Action？」當時讓現場大夥都開心地笑出來。能成為現場的開心果，一直是我覺得

很開心的事。

　　拿出台灣人敬業的精神、愉快的工作態度，造就完美的演出，是大家希望看到的，也能得到大家的認同跟尊重。

　　謝謝大家！沒有你們這麼棒的團隊，也就沒有我。

No.32

比利時全裸上陣

+

這是第一個幾乎裸體的工作，真不敢相信我做到了！

在比利時百貨公司 INNO 的廣告工作中，當攝影師要求裸體的試鏡照時，我嚇壞了！

第一個反應是馬上拒絕，表明只能提供泳裝照，因為當模特兒也要懂得保護自己，不要隨便亂給照片，我當然知道攝影師與廠商只是要看模特兒的身材比例和膚質狀況，但如果只是試鏡，泳裝照已是我個人的極限。

沒想到隔天就接到通知——已確定是我了！

我……我好像還沒做好心理準備啊！

我從來沒有裸身只穿一條丁字褲站在人前過，之前拍 Vogue China 時還有一點衣服在身上，現在是要全裸，只穿小丁字褲，之後再用電腦後製上去，讓照片不會露出三點。還好不露三點！就亞洲人的保守文化，這可怎麼行！我應該會被家人斷絕關係吧！

在歐洲，他們一點都不介意，所有博物館裡的藝術品、羅浮宮牆上的名畫、雜誌上的模特兒，它們都是裸體的。不同的文化有不同的想法，他們認為藝術跟色情是完全不一樣的。（咦？那紐約的攝影師是比較色嗎？）

在德國，他們有一個裸體文化叫ＦＫＫ（Freikorperkultur），

意思就是：解放你的身體，享受大自然，沒有束縛，沒有拘束，最後追求心靈的解放。

在前東德時期，裸體是一種自由的象徵。一位德東學者索姆說：「裸體度假是前東德的文化傳統，過去在共產時期，許多東德人生活苦悶，唯一的希望都寄託在一年一度的度假，因為只有那時可以把一切拘束拋開，連衣服都不要。」

但，這樣的文化卻演變成西德跟東德的裸體戰爭。

西德的人民比較保守，又在教會的影響之下，反對東德這樣的文化。波羅的海從東德到波蘭的海灘，從前一直是共產時代的裸體沙灘，但在越來越多西德人擁入沙灘度假之後，沙灘被迫隔成兩區：裸體區及非裸體區，一些裸體的度假人士甚至會被潑沙或潑水，遭受歧視。

一位西德旅客不滿地表示：「時代已不同了，現在大家都穿衣服，那些人也應該學著跟上時代的腳步。」

另一位西德沙灘常客說得更妙：「好吧，裸體沒關係，但我不想一眼望去都是醜陋的身體，這會影響美觀及我的度假心情。」

所以說，要讓社會大眾接受裸露，還是需要時間來證明的啊！為了工作，就放開心胸吧！就像在紐約學到的「You need

十

to open your mind」。

「*But not your leg!*」金天使理智地挺身而出。

不過說也奇怪，衣服真的脫了之後就沒有那麼彆扭了，反正都是身體，大家都有，只是環肥燕瘦、高矮胖瘦、長短不同而已，等到大家都看了之後，也沒辦法再多或再少、更好或更壞了，我的心態反而自在了起來，這是我的工作，而我是敬業的模特兒。

重要的是，經過這前所未有的解放，我終於懂東德人民的想法了。

這些束縛真的只是人跟人之間的枷鎖，打開時、褪去後，反而是種解脫，不用懼怕或擔心，而是放下心防，也放下一切世俗的眼光。

我愛惜自己的身體，尊重自己的職業，也熱愛自己的工作。

Just open your mind！

No.33

泰時尚

十

「為什麼去曼谷？」很多人都問我這個問題，跑歐美這麼久了，怎麼會現在跑去曼谷？

其實我自己也很懷疑，這樣的決定是不是錯的？但是根據小道消息，曼谷有很多好廣告可以拍，而且是歐美少有的製作，例如：洗髮精、沐浴乳、家電、手機廣告……等等，聽說這兒的模特兒們接工作接到煩，只接錢多的工作。

＄＄！聽到這點，我二話不說就點頭答應，而且，泰式料理、泰式按摩、泰式觀光、PP island、太陽、沙灘、海邊……喔！若什麼發展也沒有就當自己來這兒渡假吧！

10 月的巴黎攝氏 0 度；10 月的曼谷攝氏 33 度；當我從巴黎前往曼谷的飛機上機長廣播聽到這樣的溫度時，用不可思議的表情看著放在我身邊的大衣、毛衣、圍巾，心裡又雀躍的像個小孩一樣想著，YA！泳衣、洋傘、太陽眼鏡！來這兒當兩個月黑黑的泰妹，總比待在巴黎看著窗外、怕冷而不想出門好太多了！

我的 booker ── Ted，在機場迎接我的到來，我們在計程車上聊了很久，他也教會了我幾句簡單的泰文。

繼我媽用台語記法文之後，我又找到另一個語言可以用台語記──我真心覺得台語真的是國際性語言！

你好 = sawadi ka〔沙哇豬腳〕
謝謝 = kobku ka〔ㄍㄡ ˊ ㄅㄨ ka〕
非常漂亮 = suay mak ka〔水麻 ka〕
我愛你 = chen lak koon ka〔陳拉久 ka〕
太貴了 = pan〔爬〕

　　就這樣，2、30 分鐘的車程裡，我已經學會跟泰國司機說「陳拉久 ka」，講的人不害臊，聽的人卻大笑，但是語言就是要敢講才學得好啊！

　　我到的時間剛好是曼谷 fashion week 快結束的時候，幸運的是，我還接到三場秀，而最好玩的是：曼谷的模特兒試鏡時都是素顏，只有少數幾個模特兒剛下秀就過來，不得已才帶妝，不然，客戶都要看沒化妝的真實模樣，驗一下本人跟照片的差異有多大，只能說，還好我沒化妝時看起來年紀更小（又甩髮）。

　　另外，我也一直以為這裡的模特兒都是 lady boy（人妖），但其實不然。

　　金天使讚嘆說：「*每個女孩都長得很漂亮，五官深邃，鼻子直挺，身材修長。*」

　　「*廢話！如果不這樣能成為模特兒嗎？*」金惡魔出來發牢騷。

＋

　不過，有個人讓我一度懷疑，因為看到「她」的褲襠隆起，很想上前去問，做個深度訪談之類的，來個「金禧國際之夜」頻道，可惜我沒能鼓起勇氣走向前，還是別打擾人家了。

　廣告試鏡時更好玩，有專業化妝師、髮型師會幫忙梳化，只要人到就好。不過如果模特兒很多，就要等很久，每一個人大約會花上 30 分鐘到 1 個小時。

　好處是不用花時間自己化妝，就可以美美地試鏡；壞處是如果沒被化好就要醜醜地上鏡！同時，卸妝產品也要隨身攜帶，一試完鏡馬上自己卸妝。

　我接到了一個大家都說很 lucky 的工作，在泰國皇后面前秀 vivienne westwood 服裝。彩排時，秀導還要每個模特兒在台上的那個 wood 字前行禮，蹲一下就好，不需要跪下。還好！因為高跟鞋很難爬起來，我還沒練就這一項技藝。

　會場氣勢凌人，總共有近 60 個模特兒，皇后就坐在那紅色地毯的位置，走到前台時，我很想跟皇后說：「其實我也是貴族ㄟ！」不過，幻想總是幻想，生的地方不同，活的定位就不同啦！我只跟皇后行禮微笑了一下就又走了回去。78 歲的她，看起來就像個和藹可親的奶奶，也很榮幸有這機會在她面前秀 vivienne westwood，一睹皇室風采。

曼谷教會我的是，就算是天上掉下來的機會也要好好把握，努力地工作、用力地玩，體驗不同的城市、美食及文化，努力享受當下，說不定哪天巧遇王子或公主，成了皇室的一員呢！

哈哈，只能說幻想無罪，作夢有理！

No. 34

北極出外景

十

　　可以出發去挪威工作是件讓人興奮的事，之所以很愛這份工作，也是因為如此！妳永遠不會知道下一步等待自己的是什麼？就是如此地浪漫，卻也如此地讓人肝腸寸斷！

　　這世界好大，真的有很多地方是沒看過、沒去過，也沒聽過的，我從來沒有想過自己有一天能去挪威，而且還是去斯瓦巴（Svalbard）。

　　記得當時去斯瓦巴這個位於北極地區的群島，亦是挪威最北界的國土拍攝時尚雜誌。5 月是白晝時間，一天 24 小時都是白天，氣溫是 4-6 度，還好還有度數，而不是零下，fresh & freeze 的空氣，讓我瞬間自覺是冰雪女王！礦藏有煤、磷灰石、鐵、石油和天然氣等。沿海地區是海象、海豹、北極狐和鯨類的棲息地，因此斯瓦爾巴有 65% 的地區都被作為自然公園保護，以維護其獨特的原始生態系統。正因如此，整個地區有將近 5,000 隻北極熊棲息，遠遠超過了居民的數量。

　　一到機場，一頭超大的北極熊標本站在那兒迎接我們，可愛到好想把它抱回家！跟著攝影團隊上車、下榻飯店後就開始跟著他們到處場勘，興奮得像個孩子一樣在內心大聲吶喊：「我在北極！我在北極！」我何德何能來到這個連想都沒想過的地方！

　　隔天，在小木屋跟拉雪橇的哈士奇一起合照，哈士奇是最重要的雪橇狗品種之一，看著牠們，頓時想到咱們家的哈士奇，好想念牠呀！

　　出發之前，一行人去導遊中心學習冰上摩托車、雪地求生的課程及如何穿脫特製的雪衣等重要注意事項，這一切對我們來說都好新奇，大家都認真聽講，最後也都包成一副要去搶銀行的全副武裝模樣。接著，導遊就準備帶我們出發囉！

　　跟著團隊坐上冰上摩托車前往拍攝現場，載我的是導遊，他還問我要不要騎騎看？雖然在台灣長大的我對摩托車已是見怪不怪，只是這是酷寒地帶，又是行駛在冰天雪地之中，我還是希望能躲在後座比較溫暖一點！

　　到達目的地 sasser-bunsow land national park，是一條讓人震撼的冰川，有點像是狗頭或蝙蝠俠的形狀，我還在其中看到一個人臉！不過，可惜這已是 10 年前的照片，現在因為全球暖化，融雪問題越來越嚴重，讓人很為北極的生物擔憂，也為地球的健康擔憂。

　　導遊先讓我們吃飯，接下來的工作才有體力。飽餐一頓後，我們開始紮營，把帳篷當作是換衣服的地方。

　　導遊就近在冰川上戳了一塊冰塊，告訴我們這塊冰塊

十

40000 年就存在，還請我們品嚐一下，但吃起來跟一般冰塊並沒有不同。不知道現在這些冰還存不存在……

有了換衣服的地方，但上廁所怎麼辦？在這個方圓百里到處白茫茫的雪地裡怎麼解決？導遊說「來，跟我來」，騎著雪地摩托車載著化妝師去離我們紮棚的地方 1 分鐘左右的距離，在雪地裡挖了一個洞，原來雪下面是結了厚冰的湖，他說：「來，你可以方便了。」化妝師回來後滿臉通紅地說：「好尷尬的感覺啊！」

等到我需要解決的時候，導遊載著我去另一個地方，在地上挖了一個洞，跟我說了句「我在前面等妳」，就把我丟下，眼看著不遠處的摩托車和大夥，我真的上不出來，只好請導遊再騎遠一點，這也太害羞了，我從來沒有在冰天雪地裡露過屁股啊！這難得的經驗，真的是畢生難忘。

既然是白晝，那晚餐在哪裡著落呢？這艘冰上之船其實是一家餐廳 Noorderlicht，這一夜就在船內跟團隊一起用餐。

這難能可貴的有趣體驗，也許是一輩子不會再有的經驗，就算再辛苦、再嚴寒、再勞累，我都在所不辭，也義無反顧，感謝這美好的安排，讓我忘卻天寒地凍的感覺，專業地把工作完成。

最後，還是忍不住要呼籲一下，照片裡的北極景色早已不再，雖說人不為己，天誅地滅，但人在自私自利的同時，也要想一想，這大地自私了嗎？不！它無私的奉獻、無聲的給予；這大地自利了嗎？不！它讓人類予取予求、貪奪豪取，等到它消耗殆盡，也將是人類滅絕的時候。

Be a good kind.——請大家正視地球暖化問題，為環境保護盡一份心力。

Makeup: Agnes Marie Bjorge
stylist:Linda Wickmann
Photograpgher:Ragner Hartivg

CHAPTER 4

Love／愛

Amour

○　　○　　○　　▬　　○

《Sex and city》電影版告訴了我：
愛，可以是原諒，可以是包容，可以是思念，可以是快樂；
可以是生活，可以是陪伴，可以是責任……
對我來說，
愛，也可以是犧牲。

@galerieslafayette 巴黎老佛爺百貨

No.35

Mr. 強

╋

　　國際模特兒獨自在異地打拼，實在辛苦也實在孤獨，沒有人陪伴的寒冷夜晚，就算暖氣開得再怎麼暖，都還是冷透骨裡。想養寵物或植物來陪伴，但因工作需要時常旅行，又無法託人照顧他們，所以什麼也不敢養，只能自己獨自面對寂寞，不工作時就讀讀書、寫寫文章、看看展覽、泡泡博物館，就算和朋友相聚，也不可能天天膩在一起，再加上朋友相繼回台，能談心的朋友越來越少。

　　跟強先生第一次見面，是一開始到巴黎時，在經紀公司認識的（但我們認識第二年才開始交往），他同為模特兒卻坐在經紀人的椅子上，我一開始還以為他是新的經紀人！他主動上前跟我搭話：「哇喔！妳好美！妳叫什麼名字？來自哪裡？」

　　可能因為他直接的讚美，讓我放下設防，經過一般正常的回話哈啦之後，我忍不住問他：「你是 gay 嗎？我很喜歡跟 gay 交朋友！」

　　對我來說，他們跟我就像姐妹，相處起來很自在、很直接、很大剌剌，畢竟若同是女孩，就不能這麼放得開，話也要小心說，不然一不小心就得罪少女心，但「姐妹」不用擔心會有這個問題！

　　我永遠記得，當時強先生的反應讓我永生難忘——

「Me?」他用蓮花指比著自己，露出一個很男子漢的表情，然後用蓮花指搖著手說：「Nononono that is impossible.」

　　那時怎麼會想到，這「蓮花指」男有一天會成為我的老公，搭配我這個什麼都大刺刺的男人婆，也算是一個凹配一個凸，一個陰配一個陽，絕配！

　　認識他的同時，他慢慢地轉型為模特兒星探，找尋新的模特兒，並且安排他們到世界各地的經紀公司，於是也順理成章地開始為我安排，因為有他，我才能繼續圓國際模特兒夢，也感謝有他在身邊不離不棄，成為我的專屬護花使者。

No. 36
父母親節

+

在一次巴黎到西雅圖的飛行上，我在 JFK 機場轉機，跟坐我旁邊的美國婦人聊天，她說她要去西雅圖看女兒跟孫子，還開心地把照片給我看，狂聊孫子的各個成長過程，臉上的愉悅藏都藏不住！

我告訴她，我去西雅圖是為了工作，也很驕傲地告訴她：我實現了國際模特兒的夢想，而且還是 ing 喔！

沒想到，她接下來的一段話，完全點醒了我，就像是上帝派來的信差——

「The work is important, but don't forget about your life, Family and friends and love. The future is long way to go, don't let yourself just living in the work.（工作雖然重要，但別忘了你的人生、家庭、朋友還有愛。未來的路還很長，別讓自己只活在工作裡）」

我很認真地思索她的一字一句，因為那時的我，真的是只為了工作而存在，為了夢想而努力。

到達下榻的飯店後，看著冷清而空盪的房間，頓時覺得自己好孤單，我拿起電話打給巴黎的強先生，跟他說：「我愛你！」

說出來之後，心情好了很多，要不然，也許我會在飯店房

間哭一個晚上，或做出什麼傻事來。

那陣子的我，一直不斷地衡量自己存在的價值，雖然當時國際模特兒的工作已經發展了 4 年多，看似還不錯，跟強先生的感情也穩定發展，卻有種莫名空虛、飄渺的感覺，很不踏實，有時候會想：這麼努力工作到底是為什麼？這麼想要功成名就又是為什麼？跑來跑去居無定所，又是為什麼？賺來的錢難道只是為了買名牌、買鞋、買包包？還是只是想滿足自己的虛榮心？

我當下突然很想收拾所有的行囊打包回台，不想再繼續奔波，因為我找不到打拼的意義。當下我撥了通電話回家，跟媽媽聊過之後，她覺得我是想要有個家、想要安定了！

聽到這樣的說法讓我嚇了一跳，媽媽也是個信差嗎？難道真是時候走入人生下一個階段了嗎？

強先生的爸爸有心臟方面的疾病，37 歲那年就被醫生診斷有可能「為時不多」，因為用藥物控制才安穩到現在。結果這一年的某個聚餐上，他突然問我們：「Voulez-vous vous marier avant ma mort? Je veux des petits-enfants?（你們要不要在我死前快點結婚？我想要孫子！）」

用這樣的問句來催婚，我好難回答啊！

十

　　我只能推說：「Il est encore tôt, attendez d'avoir 30 ans!（現在還早，等 30 歲之後再說吧！）」

　　結果立刻被吐槽：「Mais tu aurais 30 ans l'année prochaine.（但是，妳明年不就 30 了？）」

　　被三位信差點醒之後的某一天，我半開玩笑地跟強先生說：「ㄟ，要不要趕快讓你爸抱孫啊？」

　　強先生聽完，竟然毫不猶豫地說：「好啊！」他的回答出乎我意料之外，我從來沒想過他會這麼認真，我們就在那一刻默認了彼此。

　　「抱孫行動」我們試了兩個月，卻一直沒有好消息，加上那時的我工作狀況不佳，好幾個工作 option 突然被取消，沮喪加上無助，讓我的心情跌到谷底，讓我好想離開，好想回台灣，總覺得自己好像不屬於這裡，同時也有些憂鬱的傾向。

　　*「是不是該回台了？是不是時候要換跑道了？是不是自己真的不夠好？是不是時間到了？會不會這一切都只是在作夢，是該醒醒了？」*完完全全金惡魔上身，暗黑到底。

　　心情超差的我獨自跑去巴黎瑪德蓮教堂，眼角含淚地誠心祈禱，希望神能給我一個指示：「拜託！請給我這無助的人一個指示吧！到底該走還是該留？」

幾個星期後，真的有個指示來了────我懷孕了！

　　My god！從這一刻開始，我深深相信神的存在。或者說，我們希望發生的這一切真的都會發生！信仰就是一種精神寄託，只要願意祈禱，訴說心中的無助，只要你相信，一切都會發生！希望，永不放棄，也永不停歇。

　　得知懷孕之後，也是一則以喜，一則以憂，因為不久前我才決定要去泰國工作兩個月，等到「指示」真的下了，我卻猶豫了！

　　加上賀爾蒙作祟，跟其他模特兒朋友聊到這個話題時，我忍不住哭了出來，看到我這個樣子，對於懷孕這個「指示」，有的人支持，有的人反對。支持的朋友覺得，這是一個 sign，而且也是一個責任，push 我步入人生的下一個階段；反對的朋友說，不應該因為某個「指示」而決定人生，人生應該由自己主導！

　　我問了問內心深處的自己，回答了她們也回答了自己：「我這麼努力地工作、努力地賺錢，想完成自己的夢想，我滿足了自己的慾望，但……然後呢？我依然是空虛的，我已經失去工作的動力，不知道自己是為了什麼而打拼，所以，我決定把孩子生下來，因為他將會是我的愛，我生活的重心，我努力的最

十

大原因與動力。」我摸著還未隆起的肚子，有感而發。

　　其中一個超級工作狂的朋友聽完這番話，跟我說，她也想去生小孩了！

　　人生真的很奇妙，如果是考題，就會一直來。第一個信差告訴我、第二個信差提醒我、第三個信差威脅我，時間到了，自然都要面對。

　　因為，其實是你自己向上天祈求，想要一個答案；當你真心想要，全宇宙都會來幫你，人生就是這麼神奇！

　　這就是我選擇當媽媽的由來。

　　許多國家的母親節是五月的第二個星期日，而法國的母親節則是五月的最後一個星期日或六月的第一個星期日；但我覺得，母親節可以是每一日、可以是每一分、可以是每一秒，也可以是每個人。

　　從看到兩條線那一刻開始，你將變得更勇敢、更有擔當；從孕吐、產檢、驗血、抽血什麼都不怕的那一刻開始，從臃腫、水腫、到處痛也不在乎的那一刻開始，從宮縮、開指、痛到想殺人到呱呱落地的那一刻開始，在擁抱新生命熱淚盈眶的那一刻開始，從被賦予與生俱來的媽媽本能、媽媽魂、誓死捍衛守護寶寶的那一刻開始……你／妳就是父母親，是人生中一個全

新的指示。

　　這不是你一個人的事，而是變成一起的事。也許某一方付出的比較多，也許總是某人對、某人錯，但因為是一起，是一個家庭，一起面對不一樣的生活，一起解決柴米油鹽醬醋茶，一起互相幫助、互相照顧、互相尊重，一起分享喜怒哀樂，一起享受愛的感覺，這一切的一切，都將不再只是一個人的事。

　　那每一分每一秒的改變，那不知不覺的變化，也許日子變得沒日沒夜、也許操勞到身心疲憊，但那些辛苦與痛苦、那些簡單的快樂與幸福都一點一滴不自主地發生、也會不由自主地寫在臉上。

　　爸爸媽媽只是個名稱，有時我都覺得父親節或母親節應該改成父母親節。但，不管如何，總是要有個特別的時間點來表達一下愛意、慰問一下辛苦的心。

　　祝福大家父母親節快樂！因為你們值得 Be happy ！不管什麼節，都要再一次地，大聲地跟你愛的人和愛你的人說——

　　我愛你。

No. 37

法國媽媽教室

十

　　第一堂的媽媽教室課程中我哭了。怎麼這麼沒用，發生一點小事就決堤？

　　體內的賀爾蒙作祟，老愛跟我玩眼淚遊戲。

　　從沒想過我真的會來法國發展國際模特兒事業，從沒想過會在這遇到愛，從沒想過會在這生根，也從來沒有想過會在這開花結果，更沒想過竟然有這麼多的程序，這麼多繁瑣的事務，還有一大堆的資料文件，那仔細的程度，讓我這外籍的新手媽媽忙得不可開交，頭昏眼花！

　　這些點滴卻更豐富了我的人生！像是一點一滴的灌溉，讓我更加茁壯、更有力量，成為能呵護別人的大樹。

　　不過每個月的驗血檢查，總是被我拖到最後一天，像是跟針頭玩躲貓貓，非常不願意去面對驗血師，而每次照超音波或檢查，同樣非常不願意站上體重機，面對那就連護理士都搬出食指對我說「不可以再多」的體重數字。

　　我們雖然住巴黎，但強先生這個「北漂」孩子跟我這個「台漂」孩子，最後選擇到南法生孩子。之所以選擇南法，也是為了強先生的親友、家人，方便他們照顧和探望。

　　南法的 Montauban，在 Toulouse 上面一點的小城鎮，是個人情味十足的地方，大剌剌的、不含糊的、直接的、不做作的、自然

十

的，每個人都像曬過很多太陽，因此維他命 D 十足的、和顏悅色的、能量十足的跟你說話，熱情地把你當自己的朋友。跟我在台灣的家人、親友們的感覺好像，讓我很能融入他們。但說實在的，比起巴黎與 Montauban 的地域之分，倒不如先試想，你是怎麼對待別人的，別人就怎麼對待你。

預產期的一個月前，我們就先南下 Stand by 準備好一切，跟主治醫師碰面、去醫院打招呼、產檢、上媽媽教室。因為是插班上課，我的第一堂課的主題就是「Cesarienne（剖腹）」。

我來法國本來就不是為了法文而來，所以法文的程度自然而然地就不是很好，只能努力去聽、去學、去懂。還好強先生在旁邊努力幫我翻譯，我不懂時也會即時問他。幸好南法媽媽教室上課的護理師人很好，願意配合我慢慢地敘述，用簡單的法文解釋。

只是第一堂課就講解剖，而且當她說「如果你的孩子沒有辦法順利出生」時，我的眼淚竟然不由自主地掉了下來，摸著肚子哭著說「不會的不會的，她會順利出生的，我不要剖腹，不要剖腹。」像個委屈的小孩淚眼婆娑地看著強先生，他趕緊解釋「只是萬一、萬一，不是真的，說不定她會從妳的肚子爆衝出來，接都接不住，沒事沒事！」這才讓我破涕為笑，由憂鬱轉快樂！

zizi
le champagne Rosé

No. 38

金大牌駕到

+

　　看著柔依熟睡的小臉，才驚覺時間過得好快，我當媽媽也有兩個多月了，當了媽媽才知道有多麼地辛苦勞累，但，也才知道有多麼地快樂跟幸福。

　　回想當時，6月6號的預產期，她晚了11天才現身，一直堅持要讓她自己選日期，不願意催她出來的我，讓身邊的親朋好友都在問：「出來了沒？生了沒？」

　　婆婆：「怎麼這麼久？再不出來會有危險！」

　　朋友：「妳怎沒快催生？像這時候就該催啦！」

　　強先生：「快去多走走、運動運動！」還放音樂要我跳舞！

　　媽媽也貼心地遠從台灣過來照顧我，幫我做月子、帶一堆補品來給我。果然是世上只有媽媽好！

　　可是，肚子裡的小傢伙說什麼就是不願出來啊！

　　每天擔心地不斷上網 GOOGLE 查過期妊娠的原因，不斷爬文看其他媽媽的催生經驗、過期經驗、產兆經驗，讓我越看越擔心，因為我連宮縮的感覺是什麼都不知道，一點痛的感覺都沒有！！

　　而且，就連在南法家中飼養的一對黃鶯鳥都還比我早孵出小鳥，而且還是一次三隻，讓我頓時倍感壓力，加上賀爾蒙作祟，在過期的第三天讓我忍不住抱著媽媽嚎啕大哭了起來！

那時候，總覺得自己像是一隻生不出小雞的母雞……。

不過說也奇怪，哭完後，再也沒人跟我說「怎麼還沒出來？快去走路、跳舞啊！」之類的。

反而說，沒關係時間到了自然會出來的，公公還開玩笑安慰我說，沒關係，她還在裡面梳妝打扮，可能只用好了頭髮，睫毛還沒貼，指甲油也還沒擦！

爸爸則越洋電話吩咐媽媽要在南法好好照顧，別讓我再用電腦、電話，徹底斷絕對外的聯繫。

而我，每隔兩天就去醫院觀察小朋友的心跳，也每隔兩天哭紅著雙眼問醫生說能不能再等等？

醫生護士檢查後也都說一切正常，且一般來說 38 ～ 42 週都算是正常期，過了 42 週後才算是過期產，醫生將最後期限定在 17 號早上 9 點，於是大牌 Chloé 最經典的時尚大秀，就在 2011 年 6 月 17 日上演了！

雖然，這場表演原定在 6 月 6 日，但當時就是遲遲不見她的人影，期待卻又心急如焚的親友們不停地問：

「到了沒？到了沒？」

「還沒好，還沒好！睫毛還沒貼好，眉毛還沒畫好，而且，還沒吃夠啊……」

十

　為了呈現最好的狀態，最美的妝彩，她選擇延後 11 天出場，在 17 號的早上破「水」而出。

　「彩排？還彩什麼排？我這大牌要直接上場！！」

　秀導醫生為了加快她出場的時間，還是打了催生針，催她快快出場，別再等了，觀眾就要不耐煩了！

　10 個小時的折騰，30 分鐘的 push，每 5 分鐘的尖叫，2 片夾子的幫助，8 公分的傷口。

　在以上種種經歷下，虛脫的媽媽換來了第一時間的擁抱，第一時間的親子關係，第一時間的奇妙感覺！

　哭了，笑了，溫暖了！

　感動的淚水決堤，快樂的微笑不停，擁抱大牌的感覺好暖好暖！

　眾所期盼下，金大牌終於穿上秀服、秀帽、秀鞋……走出了舞台！

　台下的觀眾各個拿著相機、手機一擁而上地瘋狂拍照，就為了一睹大牌風采！

　感謝大家的關心和祝福，媽媽跟金大牌一切都好，之後還會有更多的時尚秀要進行……

　請拭目以待！

姍姍來遲的
金大牌柔依小姐

No. 39
家有三寶

+

　　我有兩個弟弟，一個小我 2 歲、一個小我 10 歲，男孩子本來就比較活潑好動，我還記得小時候被他們氣到跟爸媽誇口說我以後絕對不會生小孩！

　　現在，自己生了兩隻小鬼，才發現他們豐富且完整了我的人生——雖說常常都被氣到誇口說要揍扁他們，但還是愛慘他們。

　　你永遠不知道下一步迎向你的會是什麼？是高潮還是迭起？是逆境還是順境？每個時刻都是考驗。孩子呱呱落地後考驗著你的耐性、你的人格、你的思考，怎麼安排時間、怎麼同時工作、怎麼運用資源、怎麼整理行李、怎麼改變才能更好，怎麼好好的顧老大（強先生）、老二（姐姐）和老三（弟弟），怎麼好好照顧自己；完全就是一個逼人進化的最大人生考題。

　　從原本的什麼都不會到最後的駕輕就熟；從一開始遇到困難就生氣到最後面對問題好好想辦法、慢慢去解決；從幼稚到成熟、從輕浮到穩重;而這部分的人生考題，成績是低空飛過？是滿分？還是不及格？只有自己能給自己打分數，因為沒有一個標準的評分。只有自己才是自己的評審，別人的意見，僅供參考，只有自己最清楚，每一步，走得好、走得穩，也許辛苦、也許難熬，都是自己給自己最大的灌溉、最大的加分。

　　管理一個家有如管理一間公司，當媽媽後，我才懂這幾千年來的儒家思想是怎麼一回事。若用數學來表達就是：

修身＝1（本身的修養、道德、教育）
齊家＝(1+1)+1+1（成家後的夫妻關係加上家庭經營）
治國＝(1+1+1+1) x n（國家對每個家庭的管理）
平天下＝[(1+1+1+1) x n] x ∞（使天下達到至善，因為每個人都是道德和善之人）

　　願善與愛繼續流傳，也請記住，那些愛你的和你愛的人。因為他們是你的精神支柱，永遠默默地支持著你。謝謝他們給的力量，讓人生更豐富、更精采、更有活力，也才能繼續走下去！

　　感謝人生有三寶，這個「指示」讓我遵循生命的傳承，也讓我學會了成長與進化。

No.40
愛自己

+

從今天起,請開始每天這樣做!

當你/妳在照鏡子、化妝、洗手、補妝、卸妝、保養、自拍、窗戶反射、打電玩,只要每看到自己一次就對著內心深處的自己說:「你/妳好美!」

不需要去比較、不需要去驕傲、不需要矯情,因為你/妳就是你/妳,是無可取代的,也是獨一無二的。就算是多胞胎都會有不一樣的地方、不一樣的個人特質。

而且「自信」是只有自己才能給予自己的,那是別人給不了的東西。

為什麼要活在別人的世界?這是「我的」人生!

為什麼要活在別人的眼光裡?那是別人的大腦,不是我的前額葉!

就像一個藝術作品,懂的人就懂,不懂欣賞就謝謝指教,慢走不送。

遇到懂得欣賞,拍拍胸脯說「咱們這是獨樹一格!」,千萬不要對牛彈琴,永遠不要跟白痴爭辯。

這個世界如果每一個人都一樣,豈不是太無趣?

要學會 1+1 > 2,而不只是數字 1 和 1。

請找到自己,請做自己,請欣賞自己,請擁有自己的前額葉。

Photo By Boubakri Salim (Instagram : salimb06)

No. 41

外在是成功之母嗎？

+

外在是走向成功的工具，而內在是達到成功的關鍵。

有人一身名牌，卻出口成髒。有人滿身香水，卻狐臭難聞。有人妝容滿面，卻口臭難耐。就像你吃什麼，你的身體就回饋給你什麼。你做什麼樣的運動，你的健康就回報你什麼。種什麼因就得什麼果。

成功，沒有捷徑，也不用投機，只有一步一腳印，一點一滴才會看出成績。外在的氣質是由內而外的散發，由內而外的改變才是王道。

看完《波希米亞狂想曲》這部電影，被皇后樂團主唱的故事感動不已，一口暴牙、印度出身，卻滿身的自信、滿身的力量，影響著全世界的聽眾，70、80年代的歌曲，到現在都還能琅琅上口！

他的內在才是無價的，他們膾炙人口的歌曲是因為當時生活上的種種困難困境，他們唱出了一般大眾的心聲，因此更能深入人心！打動全世界！

自信滿滿、才能滿滿，才能感動人心！

電影裡最後的慈善演唱會，讓我動容哭泣！因為我也好想盡一些自己微薄的力量來改變這個世界，他用生命去演唱，而我呢？我能怎麼樣改變這個世界？

就像他們歌詞寫的「我們是冠軍！我的朋友！我們要奮戰到底！我們是冠軍！輸家滾到一邊去。」

我是冠軍！要奮戰到底！

所以外在是成功之母嗎？我說，是，它是！但少了內在，只是虛有其表的成功。

No.42
女人要學會當貓

╋

　　狗，是人類最好的主從朋友。是群居動物，有依賴性，外向好動，忠貞不二，天天等著主人回家帶出去走走遛遛，要花時間陪伴玩耍，搖著尾巴代表快樂開心，生氣時會發出「虎虎虎」的聲音。

　　貓，是跟人類平起平坐的朋友。是獨居動物，獨立自主，性格高傲，有自己的交友圈，天天跑出去玩有時還不想回家，不用花太多心思照顧，會自己打理愛乾淨，搖尾巴時代表不滿，開心時則會發出「虎虎虎」的聲音。

　　看得出這兩種寵物的差別嗎？

　　我覺得女人與男人之間也存在著這樣的關係，一個是狗一個是貓。只是誰當狗？誰當貓？亦或者是這兩種特色都存在於彼此身上。

　　只是貓狗要怎麼和平相處、互敬互愛？是互相幫助，還是互相攻擊？是互相扶持，還是互不相讓？生活中是吵吵鬧鬧？還是相敬如賓？了解彼此才能互補互利。

　　這一切就從你怎麼選擇開始。

　　先了解自己的個性是偏向貓還是狗，再去選擇你的另一半，這一切才會契合。就像陰跟陽，凹與凸，一個蘿蔔一個坑，找到一個可以抗衡的另一半，懂得怎麼順著彼此滿身的「毛」

摸，婚姻這條路就可以走得長久。

　　女人要多學學貓的個性，但如果想當狗，也是個人選擇。

　　祝大家都幸福。

Photo By Boubakri Salim (Instagram : salimb06)

No. 43

先當自己，然後才是媽媽

✝

給專職媽媽的話：「一定要偶爾去放風一下，享受屬於自己的時光，去跟姐妹們相聚也好，去書店泡在書裡也罷，去博物館看場只屬於自己安靜的展覽，去做瑜伽深呼吸，去放空自己。」

給職業媽媽的話：「不要羨慕全職媽媽，因為她們可羨慕妳們呢！」我就多希望工作能越多越好，就越能去放風，但，工作時很難享受自己的時間，所以要趁現在好好的享受一下！現在？什麼意思？孩子呢？

還好強先生的工作與我的工作是互補也互利，在能夠雙贏的狀態下，我提議每個星期休息一天，換他照顧孩子，讓我去放風。偶爾過過自己的生活，享受一下難得的清靜，去運動、去看展、去做自己想做的事。讓我有機會可以思念一下孩子們，有機會再做回自己一下下。

其實從國小開始，我在學校的一些畫作就被老師讚許且掛在教室後面的公佈欄上讓同學欣賞，當時還覺得不好意思，現在想想倒覺得深感榮幸！後來上國高中之後，為了顧學業就沒能再像國小那樣快樂地作畫。直到後來住巴黎後又開始喜歡上畫畫和看展覽。

住巴黎的好處就是美麗的事物永遠看不完！博物館、特

展、設計師、音樂家，想去哪兒朝聖，馬上就能說走就走！

有一次，看完莫內的作品後，在博物館商店區遇到一位中年男子禮貌地搭訕。

「我這生了兩個孩子、永遠 25 歲的媽媽還有人來搭訕耶！」心裡的女性優越感偷偷 OS。

交談後才知道他是電影製作人，製作跟旅遊有關的主題，剛從坎城回巴黎，我也告訴他我的國際模特兒職業，聊了聊工作、時尚、藝術。最後他跟我要電話，說如果之後有時間再一起去喝咖啡。

我說：「好啊，但我平常要去接孩子放學，還要回家陪老公，不能太晚回家。」

他整個臉都垮下來，尷尬地說：「妳結婚了還有小孩？」

「oui et c'est les deux.（是，而且是兩個）」

嚇得他驚慌地說：「哇～好棒！那下次再見喔！」立馬快閃離開！

我真的是搭訕絕緣體、偷吃終結者，誰來頒張貞節牌坊給我吧！

回家跟老公說今天發生的事，沒想到強先生竟然說：「有什麼了不起？不知有多少人來搭訕我，我都不為所動，還一直

十

給對方看我們的結婚戒指和小朋友的照片。」擺明就是愛吃醋
又愛炫耀自己也被同等待遇過，我這只是冰山一角，這場貓狗
大戰誰贏誰輸，一看就知道。

　　但，這被搭訕的感覺卻讓我輕飄飄了好一陣子。

　　我果然比較像隻貓。

Photo By Boubakri Salim (Instagram：salimb06)

No.44

外國的月亮比較圓？

之前跟一個在台灣教外國人中文的老師聊學習的議題，突然讓我有很深的感觸，有感而發才想跟大家分享。

台灣，一直在進步著！

出國跑跳許多年，不能說看過所有的國家，但卻看過一些已開發國家的興與衰、好與壞，深深地覺得我們不輸他們，只是有沒有自信而已。

台灣，這個開發中國家的美好，是身在國內的大家所看不到的，只有在國外生活過的朋友們才會有很深的感覺。雖說還是有醜陋的一面，雖說還是有進步的空間，但就醫療、方便度、時效性、國民心、服務態度及物價來說，在在都是國外所看不到的，在在都是住國外的我所羨慕的，但我們卻羨慕外國的月亮，覺得外國的月亮比較圓，自己對自己沒自信，也造就慣於嫌棄或謾罵的心態。

柔依的法國中班幼稚園老師一個人帶班上 24 個學生，她把小朋友分成 4 個不同的 team，紅、黃、藍、橘。柔依在橘組，是老師的得力助手，有如小老師般帶領著其他小朋友。

會有這樣的發現是因為我上次去學校教每個小朋友用書法寫自己的中文名字，當我先教橘組時，老師會讓其他三組同學玩不同的事物，例如紅組拿葉子、樹枝，用膠水黏成一隻羊或

十

馬；黃組玩自己喜歡的玩具；藍組看自己喜歡的書籍，等我教完一組 6 個小孩後再換另一組，一天只教兩組同學。兩天的時間很快就過去了，我還納悶地覺得這樣的教學對小朋友來說有什麼幫助？

老師跟我解釋：「中文發音是一個字一個音，法文有的音是不發的，也有的是發兩個音，讓他們比較的同時，也可以矯正小朋友們握筆的姿勢，讓他們了解中華文化的不同與美麗，之後在提筆學寫字時就不會像握湯匙那樣了。」

頓時我就覺得她是個好老師，懂得文化交流，懂得教育孩子們不同，教導他們懂得尊重，懂得欣賞，懂得讚美！

如果外國的月亮真的比較圓，是因為他們懂得欣賞、懂得尊重、懂得讚美、懂得接受、懂得做自己，而這些都源自於他們的教育！

只要我們能把批評轉為讚美，大家都用讚美而不做作的言語誠懇地對待別人，相信自己的想法，接受大家的不同，在人文美學藝術涵養上就會有更大的進步！

有美麗的心靈，才會有美麗的人事物，在教育下一代時也將會有不同的收穫，每一個人都有自己的 talent，天賦異稟也許是從父母身上的 DNA 得來的，但後天的教育也很重要，每

個孩子都有其長處，發掘孩子的長處、培育喜好，並且鼓勵與讚美，不浮誇、不諂媚，讓他們什麼都試一試；不要脅、不強求，讓孩子們覺得好玩，慢慢地他們就會知道自己喜歡的是什麼、要的是什麼，這時候好好栽培就容易得到超乎預期的效果。

我很羨慕從小時候就知道自己要什麼、不浪費時間、完全了解自己，並對自己有自信的人！我是出了國之後才找到自己，因為國外真的很能接受不同的美、不同的事物，他們的眼界比較廣看得也多，欣賞的眼光、接受的範圍都很大，讓我能開心地做我自己！

工作時，工作人員不時會說：「好喜歡妳的雀斑，好可愛，也好喜歡妳細緻的五官，不像我們的那麼大，看了很膩。」

我則說：「哇，我在亞洲不吃香ㄟ，因為他們喜歡像妳們這樣，五官什麼的都很大的類型。」

「為什麼？你們不就是長這樣嗎？為什麼要羨慕我們？要對自己有自信，像我就很想像妳一樣有細緻的五官。」

「哎呀，就是得不到才想要啊！」我們忍不住大笑。

為什麼外國人的自信心會如此強大？在許多的企業、設計、想法、教育等等方面，都深深地具有影響力？因為他們會

十

用讚美的方式去表達、用鼓勵的話語去支撐、用正面的能量去吸引，讓這一切變得正面、變得更好，也變得更有希望。就算失望了，就算失敗了，也不至於放棄希望，因為他們一直希望著！也會用思考怎麼做才會更好的方式，陪你一起把問題解決。

有時我會想：其實他們才是真正的儒家吧！

沒有人希望失敗，沒有人希望被罵，也沒有人希望被打。只希望都是好事發生，只希望都是讚美，也希望被擁抱與呵護。

所以，為什麼外國的月亮比較圓？是因為被「讚美」、被「愛」出來的！

那我們的月亮呢？

No. 45

兩人世界

十

孩子們開學了！爸媽相約來開香檳吧！

雖然這樣說可能很奇怪，不過我想說的是：有了孩子之後，真的很需要偶爾的兩人世界。

我們還是很愛他們，但偶爾的燭光晚餐，偶爾打扮得漂漂亮亮，偶爾只有兩個人手牽著手走在路上，偶爾只創造屬於兩個人的回憶，偶爾用觀光客的心情一起去發現新鮮事物，偶爾的只有彼此，即使相伴度過一兩天也好。

這樣能讓感情回溫，讓彼此不會為了孩子們與生活上的事煩惱，讓彼此放下手邊的工作（手機），讓彼此只有彼此。屬於彼此的談天說地，談未來、談孩子、談家人、聊朋友、聊工作、聊生活，在這樣的時刻讓雙方的愛再度回溫，回到以往的彼此。

感謝老公給的生日禮物，帶我去夢想已久的雅典，雖說一到衛城名勝古跡遺址時，他嘴賤地說「來，這就是你要看的石頭啦！」但，我也不遑多讓地回「很好，這樣才能讓你多長一點知識，多長一點腦啊！」我們倆大笑，卻很開心，因為我們都知道那只是開開玩笑，他很喜歡雅典的美，拍的照片比我還多。

這樣的吵吵鬧鬧，就像鄭進一寫的歌曲「家後」裡寫道「人

情世事已經看透透，有啥人比你卡重要，阮的一生獻乎恁兜，才知幸福是吵吵鬧鬧。」這樣開玩笑地耍嘴皮子，讓生活多了點樂趣，也練就我一番嘴賤功夫抵擋回去！

　　不過每個人的個性不同，可別都學我這樣呀！我算是很有良心的正能量賤嘴。當然也要感謝促成我們兩人世界的家人們，感謝他們給的機會，愛你們。

　　希望大家都能珍惜彼此，偶爾的小禮物，偶爾地像我爸一樣幫我媽按摩（我還在教育強先生中），偶爾的小心意、小貼心，偶爾的燭光晚餐，偶爾的兩人世界。

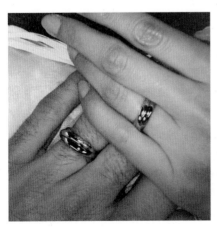

No. 46

旅行讓感情加溫

十

　　感謝這段旅行，讓我們夫妻倆感情加溫！畢竟前陣子他忙著工作，常常是 iPhone、電腦不離手，讓我和他經常為了小事吵架，吵著吵著，難免彼此也少了一些愛的感覺。

　　還好每年我們都會安排結婚紀念日的旅行，重新找回之前兩個人在一起的歡樂時光。

　　旅行，有多麼地重要！

　　偶爾出走透透氣，暫時脫離原本的生活，忘卻柴米油鹽醬醋茶的瑣碎問題，去看看這世界，好好享受，一起去冒險，才會知道彼此的重要。

　　錢，其實再賺就有，但，也要懂得運用！

　　強先生的「享受人生」觀念改變了我，他總是說：「人生只有一次，時間過得很快，不希望老了跑不動世界各地，趁年輕還能跑時就多走走，而且工作這麼辛苦，不就是為了要好好享受嗎？」

　　這次趁女兒學校放假，也為慶祝結婚五周年，我和強先生到美國西岸自助旅行 10 天，San Francisco、Los Angeles、Las Vegas、大峽谷，好好享受了一下兩人世界。

　　謝謝公婆的幫忙，少了孩子們在身邊輕鬆了許多，卻也天天夜夜思念，每去一個景點就說下次一定要帶他們來，或說如

果他們也都在這裡多好之類的話，不過看他們快樂地在 Mamie（法文奶奶的意思）家奔跑，我反倒覺得這樣也蠻好的，至少不用跟著我們到處奔波，能夠開心地跟著 Papi、Mamie 玩。

謝謝老公用心安排，謝謝他懂得珍惜屬於我們的兩人世界，讓我們找回當初相愛的感覺，知道了這世界很大。

幸好我們擁有彼此，苦難一起擔當，歡樂一起分享，即使曾有吵嘴的時候，但過了就又好了。因為少了對方就少了安全感，少了一隻手的幫忙。

遇到委屈、困難時會挺身而出，保護彼此，互相幫助，我們曾在 vegas 坐觀光巴士時跟插隊的人吵架，也曾一起為一件事情同仇敵愾。

正所謂的患難見真情！

我們也一起去各個景點欣賞美景，一起找尋新奇的事物，一起發現這個世界。這樣的力量好大！能夠更加奠定兩人的感情，也學習到如何珍惜自己的幸福。在舊金山我們跨越了人類歷史中的代表性建築——兩千七百多米的金門大橋，坐上了城市裡的 Cable car 叮噹車，那是世上僅存以人工操作的都市纜車，是寶貴的交通古蹟；去碼頭 pier 39 看海獅用可愛的方式打架、慵懶地在甲板上曬太陽，我們一起走過強先生合作的經

　　紀公司，在他熟悉的 Sausalito 餐廳吃魚，聽他分享工作的點滴。可惜我們只有 6、7 個小時的時間，下一次要待久一點來好好認識這城市，一起在這裡寫下我們的新故事。

　　第一次去 LA 是之前拍廣告時去的，但地大陸大、人生地不熟的，既不知道去哪兒好，也沒有太多自己的時間，只能一直跟著工作人員爬爬走。不只忘記去過的餐廳是哪一家，也有好多地方都沒有去過，想想還是旅遊最好了！什麼都看得到。這世界好大，宇宙更不用說，去 LA 的 Lalaland 拍攝場景天文台 Griffith Observatory 之後，覺得地球好美，地球只是其中的一個星球，人類頓時變得好渺小，但即使是這樣的渺小，也是

重要的，看秀時，解說員說「也許未來，你們其中之一會發明更多、更好的儀器，去尋找這宇宙世界的答案。」

　　而時代的進步讓我們建造火箭，能有機會去探索、發掘，雖然目前沒有在其他星球發現生物，但我好希望能活到看到其他世界的生物，也希望宇宙旅遊會成為未來的趨勢，不是用飛機飛行，而是用火箭飛行！這夢想乍聽之下好像很遠，但從我出國時用的 Nokia 進化到現在的 iPhone，顯現出這 10 年的變化有多大。

　　期待下個 10 年可能發生的一切。

CHAPTER 5

金禧良言

Chin Hsi
words land

○　○　○　○　▬

模特兒也是一種工作，
除了愛自己，
也要懂得尊重自己的工作。

@galerieslafayette 巴黎老佛爺百貨

No. 47

模特兒夢工廠

十

「我是個國三女生，我希望以後能像妳一樣當 Model。」

「我的夢想和妳一樣，希望將來能當 Model 並且到國外發展。」

「妳是哪家的模特兒呀？因為想往這方面發展，所以想問問妳。」

「妳的生活好多采多姿，讓我對模特兒這個工作變得好嚮往。」

「看到妳才發現原來單眼皮也可以很美，我也是單眼皮，怎麼沒有那麼美……」

「我也想當模特兒，可惜我太胖了，好羨慕妳可以一直在國外工作……」

有人說過，夢想之所以是夢想，常常都只是在夢裡面想……但妳想過嗎？為什麼妳會這麼想？而不是那樣想？閉上眼睛好好想想，問問內心深處的自己吧！

因為「那個」答案早已偷偷告訴了你，只是你不聽，害怕去面對它，每個人都有這輩子不做會對不起自己的事，也可以說是與生俱來的使命，那推也推不掉的執著，那趕也趕不走的念頭，到底應該怎麼去實現？又該怎麼去計畫？

開始準備做功課吧！

也許不是大眼睛，也許不是雙眼皮，也許不是瓜子臉，也許不是個性臉，也許不是瘦子腿……但是，那些才是真正的你，才是你自己，不管是不是要進入模特兒這行，妳都應該要先有 100 分的自信，不管別人說什麼，只要找出屬於自己的特色，就能找出自己的獨一無二，那才是美，才是 unique ！

　　自信的態度將會戰勝所有一切，若真的不喜歡，就想辦法努力去改變，讓自己變得更漂亮！為什麼不呢？我看過太多朋友變美的例子，也常有人問我是不是有動刀整容？如果有的話，我第一個一定是去除雀斑！這也是我從進這一行開始就不斷思考的問題，這麼做是為了工作？還是為了自己覺得的漂亮？這件事直到現在都還在思考中。

　　在巴黎工作時，化妝師喜歡我的雀斑；在德國工作時，化妝師說好有特色；去國外度假時，陽傘、太陽眼鏡、釣魚帽缺一不可，相反地，外國人卻喜歡把自己曬得黑黑的，越多雀斑越好，問他們為什麼，理由是有錢人才可以度假和曬太陽；但亞洲人在這方面就有不同的觀點，認為只有勞動者才會在外工作，才會曬到長斑。

　　文化的不同，造就不同的人種；觀念的不同，造就不同的信念，重點是，你自己的信念是什麼？

十

訂定人生規劃

What？How？And, just do it ！

十年十大計＋一年一小計＝長期目標＋短期目標

閉上眼睛，問問現在的自己，你要的是什麼？一一寫出來，這些項目就會成為確立的方向目標，再列出十個為了達到這些目標而設的計畫，並在往後十年內完成它。至於一年一小計，可以設立不只一項，這些計畫將成為這一整年的核心。爾後每年的開始，就拿出這些計畫一一反省，什麼是沒做到的，什麼是進行中的，什麼是已完成的，列出這些目標，生活才會有價值和樂趣，*就像玩遊戲解任務一樣，只是，這局解的是你自己人生的遊戲！*

找個假想敵

找個已經實現你夢想的假想敵，也許一個，也許兩個，但並不是真的把他們當敵人或打敗他們，而是去想：為什麼他可以？為什麼他做得到？他是怎麼做到的？重要的是，試著將他人的經驗轉換成自己「計畫行程表」的參考之一。Kate moss

& Divan Aoki 一直是我崇拜的對象，就身高而言，我跟他們相似，但我們種族、背景、環境都不同，每每看到他們的作品，我都會不自覺地讚嘆，心想：為什麼他們可以？我什麼時候才能跟他們一樣？要怎麼樣做才能呈現這樣的作品？一直不斷地思考，也不斷要求自己進步。

積極加執著

這是我實現目標的不二法門，雖然辛苦，但這些都是必然的陣痛，也是夢想的定心丸。設定好自己可以接受的時間，也許一年，也許兩年，也許一輩子，然後在這時間內，積極地去做、執著地去拼，就算別人潑你冷水，就算別人告訴你，你條件不夠，你不可能，你在作夢，你太天真，都不能氣餒，只要相信你有完成任務的使命，你有完成夢想的價值，等到時間到了，再考慮要不要繼續？要不要更改目標？這樣，至少你不會後悔，至少你不會心有不甘，至少你試過了！

＋

樂觀是無敵星星

　　這行靠的是運氣、毅力跟努力，是你的就是你的，不是你的就不是你的，強求不來，只能樂觀看待這一切！

　　不要一味地鑽牛角尖，讓自己想破頭、心情宕到谷底，或者太在意別人的話及所有事情發生的緣由，人生本來就是一個高低起伏的未知數，如何看待事情的角度，如何安撫自己的情緒，都很需要學習，就算再怎麼辛苦、再怎麼無奈、再怎麼想罵髒話，都要忍、忍、忍。

　　把自己最好的一面呈現出來，表現最敬業的一面，在無形中會給自己加很多分。

慎選公司

　　也許一開始很難給自己定位，也許還只是一個懵懵懂懂的新人，是像一張白紙需要別人給予色彩去塑造的草創期，這時，經紀公司就是一個很重要的角色了！

　　千萬不要選擇還沒賺到錢就先花錢的那種公司，在我還沒正式當上模特兒之前，我接觸過不少這樣的公司，常常都是以

「我們會安排課程，所以要先收費」或是「要幫你拍資料照，所以要先繳費」為由要你掏錢，然後再拿一大堆別人的照片給你看，說這個已經上了什麼雜誌、那個有接過什麼大秀，讓你未來充滿希望，千萬不要被灌迷湯，一定要張大眼睛、仔細比較，才會找到好公司！

　　很多人對模特兒都抱有迷思，覺得他們除了美，還要瘦、還要高；但我認為，模特兒是自信的代表和象徵，當衣服穿在你身上、珠寶戴在你身上、包包揹在你身上，都會是好看的，就能散發獨特的美！*只要懂得欣賞自己，每個人都可以是「模特兒」，發現自己模特兒的那一面！*

如何成為國際模特兒

+

認識你自己

你漂亮嗎？

如果你覺得自己不漂亮，請建立自己的自信，因為，模特兒就是在展現自己的美麗。美的定義很廣，重點在於你自己怎麼看，不用管別人怎麼想，自己的信心才能戰勝一切。就拿我來說好了，國小畢業時我已 165cm，其他同學平均才 155 cm 左右，在班上不是最高，也不是最胖，但卻是最沒自信的。當時的我一發覺自己的身材跟別人不一樣，就覺得自己是異類，直到高中開始學習怎麼變美，才從醜小鴨變成天鵝。自信，絕對是漂亮最重要的關鍵。

你高嗎？

身高，則是進入模特兒圈的門檻，女生 176 ～ 180cm，男生 184 ～ 190cm，如果身高不夠，吃閉門羹的機率相對較高；如果身高超標，也別太擔心，只要經紀公司對你各方面都有信心，成功的機會還是很大！就以往的經驗，有模特兒 193cm 還是接到 Gucci、Armani、Louise Vuitton、Jean Paul Gaulter 等大秀。所以，身高真的不是絕對，重點是你的運氣、你的長相

還有你的意志力！

你幾歲？

設計師們每一季的靈感來源不同，所用的模特兒也會有所不同，就女生而言，很殘酷的是，大多數的設計師都喜歡用新鮮貨，因為時尚產業就是一直不斷地推陳出新。很多外國模特兒 15、16 歲就隻身當起空中飛人，25 歲就開始走下坡，也許是沒有新鮮感，也許是長時間適應時差，導致狀況不佳，很多模特兒都是 25 歲左右就退休，回學校唸書。亞洲人或黑人模特兒的好處是長相比較不顯老，模特兒生涯比較長。所以，「你幾歲」應該是「你看起來幾歲」！

你的三圍？

外國人偏愛 13、14 歲的嫩模，一方面是因為她們還在發育中，骨架沒有高個女生大，大部分設計師草圖畫的都是直直長長的腿，看不到肌肉線條、膝蓋或骨頭，而且 sample 的三圍多半都做 s size，也就是 81 ～ 88cm、58 ～ 64cm、86 ～ 91cm，所以，能上場的模特兒必須在這個三圍標準裡，因此，維持標準身材是模特兒們的共同功課，只是，還是要靠正確的

十

飲食習慣和運動方式，才能持久有效。

你會說英文嗎？

要成為國際模特兒，一定要會國際語言，才能跟國際攝影師、化妝師、髮型師、工作人員溝通。當攝影師說看左邊別看成了右邊；攝影師說 be angry，可千萬別裝肚子餓；試鏡時人家問 How tall are you 可別說成 I'm 20 years old；出國工作坐飛機時，別把 site 看成 gate，走錯了門上錯了飛機，就不好玩囉！所以，快快學習英文吧！！

模特兒的種類

認識你自己之後，來看看你適合當哪一種模特兒？

秀場模特兒（Run way model）：

設計師們每一年要推出四季的 collection，但真正辦大秀的時間是 2 月跟 9 月這兩季，把設計好的作品展示給來自世界各地的雜誌編輯、buyer、明星、媒體，而 run way model 就是要有最基本的標準身高跟身材，但也有例外；有的設計師會因

特別喜歡模特兒的長相而不計較其他條件，但這可遇不可求，全憑模特兒的運氣。一場秀多半會花上 6 ～ 8 小時準備，一結束馬上拆舞台跟音響設備，1、2 百萬台幣（甚至更多）瞬間化為烏有，有一些 Top model 因為要趕秀，也許 2 ～ 3 個小時就要結束一場秀，以趕去下一場做造型，如果有看過 fashion TV，應該看過好幾個妝髮師同時幫一位模特兒做造型，那通常就是秀快來不及了！

平面模特兒：

在大街小巷的看板、公車、公車亭、電話亭、大樓外牆、樓頂、公路、吊橋上，都會看到有人形或是非人形的廣告，這就是所謂的平面廣告，平面廣告的模特兒多半不需要對鏡頭說話，只要拍照，做到廣告設計公司跟客戶的需求即可，工作時間通常一天 8 小時。另外，一般雜誌內頁裡出現的服裝單元人物，由雜誌編輯、攝影師、化妝師、髮型師們所塑造出來的雜誌模特兒，也算是平面模特兒，工作重點是擺出不同的 pose，努力展示衣服跟商品，有時在攝影棚內拍，有時要出外景拍照，工作時間通常需要 10 ～ 12 個小時以上。

廣告模特兒：

一般在電視裡看到的廣告都屬於這個範疇，有時需要演

十

戲、有時需要對著鏡頭說話、有時要對著鏡頭微笑，表演天份要高，要能表現自己，在試鏡時能做到試鏡人員的要求，拍廣告時做到客戶的需求。工作時間通常一天 8 小時。

試衣模特兒（*Fitting model*）：

設計師做完衣服後需要人體模特兒試穿，在他們身上做修改，或是聽聽模特兒穿上後對於材質和設計的感想，以做為修改的參考。工作時間以時數計算，但聽說忙的時候一天工作 12~15 個小時都有可能。

Showroom model：

秀場上出現的衣服只是冰山一角，同一季的 collection 還有上百件不同的衣服，而 showroom 模特兒要做的就是不斷地穿不同的衣服給來自世界各地的 buyer 們看。

內衣、泳裝模特兒：

顧名思義就是可以接受穿內衣、泳裝拍照的模特兒。

大尺碼模特兒：

身材屬於大尺碼的朋友，只要有自信！還是有機會能當大尺碼模特兒。

手、足特別部位模特兒：

這常常出現在指甲油或是鞋子廣告上。

展場模特兒：

世界貿易展覽會上會有以模特兒來展示商品的需要，如汽車展、電腦展、電玩……等，模特兒需要穿上客戶所準備的服裝，一般是為期 7 天，每天 6~10 個小時不等。

網拍模特兒：

網路盛行後，許多人選擇在網路商場上買賣東西，網拍模特兒就是試穿衣服或商品，拍照後放在網路上。

怎麼開始？

拍試鏡照片跟影片：

請先量好自己的三圍。試鏡照片需要穿著泳衣及高跟鞋拍大頭、半身、七分身、全身，每個部位都要正面、左右側面、左右 45 度角，頭髮放下跟盤起來都要拍。影片則是來回走台步 2 次，最後在鏡頭前用英文說自己的名字、來自哪裡、身高、三圍。

寄給經紀公司：

當準備好試鏡照片跟影片之後，就可以寄到你想要合作的經紀公司，每間公司所擁有的客戶不同，強項也各不相同，

十

有的公司在編排秀跟時尚方面很厲害，有的公司則是專精於廣告或活動。一開始，你可以先以自己的取向決定自己想去的公司，如果你不知道你喜歡的是什麼，那就多找幾家，多評估、多比較，跟對方談談，聽聽對方對自己的看法跟做法，也告訴對方自己的模特兒生涯規劃。

準備作品：

一開始，在還沒有工作經驗的時候，可以試著接試拍的工作，有些攝影師會用新的模特兒試拍作品，通常是無酬的，但你就可以把那些照片放在自己的作品集裡，等有試鏡、面試時提供給客戶看，讓他們知道你在鏡頭前的樣子，也能給他們新的 idea、想法或靈感。相對地，下次有工作機會時也會推薦你給客戶。

心理建設

想當模特兒，就要有被當成芭比娃娃的心理準備。髮型是髮型師的傑作，彩妝是化妝師的作品，image 是攝影師的想法，他們只是用你去呈現他們的 idea。而模特兒表現的好，就會為他們的作品加分，你也為你自己加分，所以，一切都是環環相

扣的。記得，自信是由內而外的影響力，相信自己做得到，就真的會做到！

　　想當模特兒，就要有可能會全裸或半裸的心理準備。有時是一個試拍，有時是一個工作，但在工作前經紀公司都應該要講清楚，再讓你決定要不要接這個工作，所以工作前的心理建設要做好。

　　想當模特兒，其實有很多要學習的地方，實戰經驗要比紙上空談得好。每份工作都是緣分，能跟至今為止相識的所有人成為工作伙伴是再開心不過的事。人跟人的相處都是要靠時間跟經驗去學習的。

　　想當模特兒，時間觀念是很重要的，尤其是在紐約或德國，遲到 10 分鐘就有可能被 fire 掉，他們很重視時間就是金錢的觀念。而在巴黎或歐洲，遲到 10 到 15 分鐘都還算可以接受的範圍。不過有一點是所有國家都通用的：如果遲到，經紀公司絕對會接到客戶來電抱怨。所以，模特兒也是一種工作，要懂得尊重自己的工作。

No. 49
給模特兒的話

十

多唸書

　　不要讓別人覺得你的頭腦簡單、四肢發達，只有外貌而沒有內在。你可以單純的簡單，但絕不是無知的簡單。

　　黃山谷說：「三日不讀書，便覺面目可憎，言語乏味。」

　　你可以看漫畫、看小說，也可以看雜誌，就是不可以不看書。我在國外認識了很多模特兒，大多都是 15、16 歲就加入了這個行業，原本只是打工賺點生活費，到最後卻因為太在乎工作，學業方面只能以休學收場。不得不否認，學歷在人生的旅途中，必須佔有一定的份量。我在巴黎的朋友們，各個幾乎都是碩士畢業，有的手持雙學位、有的準備要拿博士學位、有的已經加入了研究的行列，當中甚至還有人正為法國政府工作。不得不敬佩他們，也很慶幸能跟他們一樣，為了自己的夢想而努力著！

多學習

　　不要只為了工作勾心鬥角，不要為了找話題在背後說大家是非。這行，同事之間都是競爭，物競天擇，適者生存，是你

的就是你的，不是你的，強求不來。

　　與其在想為什麼沒有工作不如讓自己多去學習，學瑜珈、學鋼琴、學跳舞、學畫畫、學語言……。趁年輕的時侯趕快學習，也許有一天，某個工作需要你做瑜珈，某個工作要你打太極，某個工作要你翻跟斗。這時，你就會遊刃有餘了！

多走走，多看看

　　這世界很大，人很渺小。許多的美景和事物在親眼看到後，才會發覺跟在電視上看到的落差有多大，而就在那一刻，當一切的一切都映入眼簾後，才覺得不枉此生。

多交朋友

　　朋友，真的很重要，在國外生活，少了親朋好友在身邊，想要訴苦都很難。有新朋友在身邊，多了個說話的對象，教導與分享生活中的大小事，生活自然就不至於太苦悶。

No. 50

妳不是芭比娃娃

✝

　　在國際間經常看到很多身材、臉蛋各方面條件都很好的模特兒，但卻發覺他們的態度跟條件好像不成正比。也許在某種程度上，順應著每個人的個性與生長環境的不同，大家各自都有需要加強的空間。

　　有的嫌工作好累，有的抱怨工作時間太久，有的耍大小姐牌氣，有的覺得這品牌不適合她，有的抱怨東抱怨西，有的嫌棄照片不好看，有的嫌棄準備的東西不好吃，也有的超不耐煩。也許是因為這邊的工作人員都對模特兒很好，視模特兒為貴。也或許每個模特兒年紀都很小，各個都視自己為公主，覺得其他人都應該像服侍貴族那般好好地對待自己。

　　我這個吃苦耐勞的乖乖牌，在她們身上可真的是開了眼界！

　　雖說不欣賞對方的公主病，不過，說實話，模特兒的工作是真的很累，多重彩繪的彩妝在臉上，化妝品又幾乎都是化學成份的，長時間下來，傷皮膚不說，有時又癢又痛。而且，卸妝清洗不乾淨或是停留在臉上太久，都會產生後遺症，我之前就長過好幾次針眼、痘痘，還有粉刺。

　　而奇形怪狀的髮型在頭上，又重又悶，頭髮癢想抓卻抓不到，想拿下來也不行；容易變型皺散的衣服在身上，動也不是，

躺也不是，想坐也不是。根據以往的經驗，我就只能一直站著，直到這個造型拍攝結束為止。

但在國外，工作人員都會時不時地問你：口渴不渴？餓不餓？要不要休息？你可以坐著，衣服沒有關係，頭會痛嗎？會痛要說，幫你重用。感覺得出來，大家都互相尊重彼此的工作。

他們說：「模特兒也是人，不是塑膠做的芭比娃娃呀！」

用心才能做到最好，也才能做得開心。更感動的是能遇到將心比心、細心的人。

對人對事都一樣，請用心去感受。

No. 51

模特兒圈的 #metoo

+

　　自從 2019 年好萊塢演藝圈性騷擾事件之後,模特兒圈也被捲進了「#metoo」的暴風圈當中。

　　許多演員、模特兒都有過類似的經歷,慶幸的是,我除了一開始問過攝影師不該問的「敏感問題」,被敏感地告知且騷擾了一下之外,其實其他時候都沒有碰過類似的問題,我運氣不錯,總是和專業的工作團隊一起拍攝。

　　但在巴黎時也遇過很多有趣的事,我的個性大概屬於比較不敏感的類型,根本是女孩身男孩心,完全沒有感覺。例如在走 limi feu 日本設計師品牌時,有攝影師衝到後台拍攝模特兒換衣服,韓國籍模特兒 Daul Kim 就仗義執言地大罵他們沒禮貌,並把他們都趕出去。而我當時卻神經大條到不知道她在生氣什麼。或是在跟某攝影師拍攝合作照片時,他會用他的雙手喬我的姿勢,手的位置、腳的位置、屁股的位置、頭的角度,喬好之後就叫我不能動,直到他拍完,完全把我當作假模特兒在操作,但我卻覺得好玩,不覺得是騷擾,也覺得他怎麼這麼有創意,而且他也不跟妳多說什麼,或者有任何額外的互動,只是單純憑藉著藝術家的風格行事。雖然過程中有種被他擺布的奇怪感覺,但最後出來的照片效果真的很棒。看來,我真的是神經大條啊!

其實性騷擾與女性議題是環環相扣的，自古以來男性都是視覺動物，也會拿女性的一些照片、行為、穿著來為她們的魅力作判定。就拿內衣來說好了，雖然是給女人穿的，同時也是給男人看的，男人會以他們的認知來塑造他們想像中的女性——這件事本身存在著許多危機：如果女性過於賣弄性感，很容易造成女性對品牌的反感。

現在的女性更自主、更有自信、更有掌控權，更覺得魅力要操之在己，比起一味地為取悅男人而活，她們更傾向於為自己而活。正因如此，才會開始懂得反抗、願意站出來訴說內幕，這也是現在許多廣告的核心，它們以女人為主題，呼籲她們珍惜自己的重要性。

所以，懂得保護自己是身為女人最基礎也最重要的事，若真的不幸遇到騷擾，也一定要懂得反擊，勇敢講出來，並且找到能保護自己的有利人物。讓這些宵小之徒能得到懲戒！

不過，性騷擾也並非僅限於女性，強先生去模特兒試鏡時也一樣遇過，而且故事更精彩！

在一次的男性內褲試鏡中，強先生一抵達試鏡地點，就看見女廠商穿著性感內衣應門，薄紗睡衣搭配輕飄飄的浴袍，並要求所有來試鏡的模特兒穿上品牌的內褲拍照試鏡。強先生不

十

疑有他，正在等待拍照，廠商卻把他請去另一個小房間，只見女廠商躺在床上，招手請他過去。

強先生警覺地問：「不是要拍照試鏡嗎？」

「是呀！試鏡前先坐一下，我們聊聊。」

強先生眼見不對，立刻開溜，離開時還不忘打電話給經紀公司告知廠商的問題，讓公司以後不要再發這種試鏡給他，講電話的同時，他親眼看見另一個模特兒走進去那個小房間，但已來不及提醒他。

隔幾天，強先生在另一個試鏡場所遇到這個男模特，他好奇地繼續追問：「那後來呢？」

「後來就順其自然囉！」

「什麼意思？你真的有……」

「是啊！而且……」男模特停頓一下才說：「她是個男的，是個 Lady boy。」

哇，聽完這個故事，只覺得這世界果真 Open my mind ！

而距離這些事很久以後，我才突然接到巴黎公司打來的電話，問我知不知道一個模特兒 Daul Kim ？

「她過世了，被人發現在巴黎公寓裡上吊自殺。」

我對她印象深刻，見證她的事業一飛沖天後，既為她高

興，也很祝福她。

畢竟一起做過秀、聊過天，我當下整個人腦袋空白，非常不敢置信。

之後看了新聞報導，裡面提到她有一些憂鬱症狀，其實我能懂她的心情。國際模特兒的工作是個既孤單又寂寞的職業。如果身旁沒有能分享心事的親戚或朋友，要繼續走下去實在很難、也很累，這是一個看似很風光、快活的工作，能到處玩、到處飛。但其他人看不到的是：模特兒常常得一個人坐飛機、一個人吃飯、一個人逛街、一個人觀光，她們所承受的工作與輿論壓力都不容易自行消化。我認為那些負面情緒其實是日積月累造成的，因此也許會有得了憂鬱症而不自知的情況。

對我來說，人在憂鬱的時候，其實就是內心世界被惡魔附身的時候。當內心世界的惡魔勝利時，人容易無法控制自己的情緒、行為，會變得很負面、很厭世、很黑暗，覺得這個世界不缺我這一個人，覺得沒有在這個世界存在的必要。而天使的那一面一旦找回來，那些悲傷自然不翼而飛。

但是，這就是人生的好玩，而且需要學習的地方，你要學會自己抗衡！

人生很難，但其實人一生下來就是來磨難的，就是來修煉

十

　的，就是來學習的。

　　也許去做運動，去跑步、去爬山、去做瑜珈、去打拳擊、去曬太陽補充維他命 D，把內心深處的怨念在呼吸時吐出去；也許自己一個人去 ktv 包廂花幾個小時瘋狂地尖叫、歌唱、哭泣、發洩。也許打電話給最好的朋友，瘋狂地聊一整個晚上；也許去廁所對著馬桶大罵髒話三字經，把所有的不滿對著馬桶訴說，再用力地沖掉；也許去舞廳瘋狂跳舞，甩開一切，讓自己流汗不流淚，或是邊流汗邊流淚；也許去剪一頭短髮，改變一切、改變心情，讓過去成為過去；也許去喝酒喝到爛醉，吐一整個晚上，抱著馬桶睡到天明。

　　以不使用偏激的方式為前提，試著把天使的那一面再叫回來吧！一切還是會繼續運行的，太陽依舊會升起，你只能麻痺自己一下、逃避現實一下而已。唯獨解決了問題、面對了困難，才是最正確的作法。

　　如果真的沒有辦法自我控制、自我平衡，那就是生病了，就像感冒一樣。需要看醫生吃藥才會好。此時，尋求幫助是最重要的！

　　只要相信，雨過會天晴、哭過自然會有好心情，只有活在當下享受每分每秒，才能珍惜與了解生命的可貴與意義。

　　只要相信。

No. 52

金挑禧選

＋

環保時尚

1943年紐約、倫敦、米蘭、巴黎，這幾個大城市都是著名的時裝之都，因為這幾個城市是熱愛時尚、藝術、設計的人匯集的主要城市，頂尖的設計學校、學院都在這些城市裡培育出服裝領域的新起之秀。而巴黎在1910年開始，憑藉著法國時裝協會的影響，羅浮宮卡魯塞勒大廳（Carrousel Du Louvre）和杜樂麗花園被開放成為官方秀場。他們向全球的媒體與買手，推薦將會在時裝週上露面的每一位設計師。

即便在二戰期間，法國時裝協會也沒有停止巴黎時裝週的進程。只是當時，關注時尚的人們早已統統跑去遠離二戰硝煙的紐約了。不過，戰爭一結束、克里斯汀・迪奧先生的「New Look」一亮相，巴黎很快就恢復其地位。所以巴黎的時裝地位是世界之最，百年的時裝歷史地位，讓所有熱愛時裝的人們相繼朝聖各個城市。各家品牌也相繼推出新品：新包、新服飾、新作品，足以讓人眼花撩亂。

而我個人喜歡有歷史意義的物件，所以喜歡去二手賣場，找一些經典的服飾品牌，也找一些有故事的物件，既環保也能給予物品再一次的新生命。

VINTAGE PARIS

香奈兒、愛馬仕、迪奧，這是人人皆知已經 1、2 百歲的時尚老品牌，如果你想要擁有一個經典包，但走進店裡看到價錢卻倒退三步的話，我想，這間古董二手店，會是個很好的開始。不過有時候也很難說，古董的價值也許會翻漲好幾倍！

Hermes、Dior、Gucci、Chanel……這裡的精品全都是經由老闆，也同時是服裝設計師的 Yukiko 所挑選的，有的是法國知名老牌女星用過的包包、有的是 1940 到 1950 年的飾品，還有 1994-1995 season 的金鏈水瓶帶，60、70、80、90 年代，在這裡能挑選到保存良好的經典飾品。

價錢要看年代跟款式而訂，網路上有更詳細的價錢跟物品。

Add:97 rue vieille du Temple 75003 Paris
Tel : +33 1 42 71 13 41

l'occaserie 16e 二手精品

巴黎的 16 區就像是台北的信義住宅區，有貴族學校、名牌跑車、名牌服飾、名牌包包，還有這家名牌二手專賣店。而不管什麼品牌，幾乎你能想到的品牌這裡都有！店家不大，卻很精巧。我就找到一件香奈兒的白色小外套，好看價位又親民。

Add:30 Rue de la Pompe, 75116 Paris

Tel : +33 1 45 03 16 56

Galeries Lafayette 巴黎老佛爺百貨

全球暖化問題是我們這個世代與下一個世代不容忽視的問題，就時尚這塊也是必然面對的趨勢，巴黎老佛爺百貨發起 Go for Good 活動，追求更加負責的流行時尚，提供時尚流行又具有積極意義的優質產品及更加合理的消費模式，目前已有超過 500 個品牌加入該活動，在官方網站上呈現。